シリーズ「遺跡を学ぶ」050

「弥生時代」の発見

弥生町遺跡

石川日出志

新泉社

「弥生時代」の発見
―弥生町遺跡―

石川日出志

【目次】

第1章　「弥生式土器」の発見

1　明治一七年弥生

「弥生式土器第1号」

一八八四年（明治一七）三月一日のこと、なんとなく一二、三歳の頃から考古学が好きであったという有坂鉊蔵《しょうぞう》は、義兄である石川千代松《ちよまつ》の計らいで、同好の士として坪井正五郎・白井光太郎とはじめて顔を合わせた。有坂はまだ予備門生徒、五歳年長の坪井と白井は東京大学理学部生物学科の学生であった。

三人はたちまち意気投合し、翌日、すでにそれぞれがその存在を知っていた大学裏手の向ケ《むこうが》岡弥生町《おかやよいちょう》の貝塚まで一緒に出かけることになった。

そして当日。有坂は、貝殻が散る地面から誰よりも見事なものを得ようと目を凝らしていた。すると、足元に一個の壺が顔を出しているのに気づいた。抜き出そうとするがびくともしない。

図1 ● 1884年（明治17）向ヶ岡貝塚で発見された壺
東京大学予備門の生徒であった有坂が掘り出したこの土器が、
「弥生式土器」「弥生時代」という名称の元になった。

そこで周囲の土を払いのけて取り出してみると、口を欠くものの頸以下は無傷の、胴部が球形をなす見事な壺であった（図1）。

のちに「弥生式土器」の名称が生まれ、やがて「弥生時代」という時代名称に採用される契機となった「弥生式土器第1号」の発見である。

日本における近代考古学は、E・S・モールス（Edward Sylvester Morse, 一八三八―一九二五）が、現在の東京都品川区にある大森貝塚を一八七七年（明治一〇）に発掘調査したことにはじまるといわれている。その七年後のことである。

大森貝塚の発掘が刺戟となって、モールスにしたがって調査に加わった理学部学生の佐々木忠次郎が、一級下の飯島魁《いさお》とともに現・茨城県美浦《みほ》村にある陸平《おかだいら》貝塚を一八七九年（明治一二）に発掘調査したように、モールスの教え子たちは東京や周辺の貝塚などを調査・踏査するようになっていた。有坂たちが向ヶ岡弥生町の貝塚に行ったのも、そうした流れの一コマだったといえよう。

図2●坪井正五郎による向ヶ岡貝塚のスケッチ
「向ヶ岡貝塚ヨリ上野公園ヲ望ム景」と説明文が付されている。人物の足元の点々は貝殻であろう。人物後方の高まりは現在も残り（写真3参照）、貝塚の位置を復元できる。

「弥生式土器」という名称の登場

さて、有坂からこの向ヶ岡貝塚の壺を託された坪井は、発見五年後の一八八九年（明治二二）に「帝国大学の隣地に貝塚の跟跡《こんせき》有り」（『東洋学芸雑誌』九一）と題する報告をおこなう（図2）。しかし、この報告で直ちに「弥生式土器」という名が登場したわけではない。「国家ノ須要《しゅよう》ニ応スル学術技芸ヲ教授シ及其蘊《うん》奥《おう》ヲ攷究《こうきゅう》スルヲ以テ目的」（帝国大学令第一条）とする帝国大学のすぐ裏手に、意外にも遠い石器時代の貝塚がのこされていることに興味を惹かれたのであり、また周辺の地均し工事が盛んになって貝塚が失われようとしていることへの危惧から、坪井はこの報告をしたのであった。

それから三年経った一八九二年（明治二五）、坪井らは現・北区西ヶ原貝塚を発掘調査した。多数出土した縄文土器を詳細に分類した結果、おそらくは縄文土器とは異なる一群があって、それが向ヶ岡弥生町の貝塚の土器と類似するという認識が生まれたらしい。そ

図３ ● 坪井正五郎のスケッチ付近の現在
図２の右手付近から撮影。図２の人物後方の高まりが、この写真の右手、奥に上がっていく坂にあたる。

して、東京大学人類学教室の面々の間で「弥生式」という愛称が用いられるようになった。

そうしてようやく一八九六年（明治二九）になって、在野の考古学研究者、蒔田鎗次郎《まいだそうじろう》が駒込の自邸で発掘した土器群を「弥生式土器」という語を用いて報告し、その名称が普及しはじめる。

やがて弥生式土器の類例は、長野や北陸・東海、さらには九州から東北まで知られるようになり、のちに弥生式土器が使われたのは縄文時代と古墳時代の間をつなぐ期間を占めることが明らかとなって、弥生時代・弥生文化・弥生土器と、「弥生」の語が広く普及するようになる。

2　わからなくなった出土地点

東京大学人類学教室の面々が「弥生式土器」という愛称をつけたのは、それが向ヶ岡弥生町の貝塚から出土したからにほかならない。

向ヶ岡という地名は、斎藤忠によると、すでに一七三二年（享保一七）に発刊された俳人菊岡光行の地誌『江戸砂子』にみえ、上野の忍ヶ岡《しのぶがおか》から不忍池《しのばずのいけ》を隔てて相向こうという意味であったという。

そして一八六八年（慶応四）七月に江戸は東京と改称され、一八七一年（明治四）一二月になって町名をつけることになった。その際に、向ヶ岡の旧水戸藩徳川家邸内の徳川斉昭《なりあき》の撰文自書による「向岡記」碑（図4）にみえる「やよい」の語を採用して、向ヶ岡弥生町という地名が生まれた。一八行におよぶ碑文の一四行目に「文政十まり一とせといふ年のやよいの十日咲満たるさくらが本にしてかくはかきつくるにこそ」（原文漢字・傍点石川）とあり、図４の拓本では、左から五行目のほぼ中央に「夜余秘《やよひ》」の三字がみえる。

碑の現状は碑面の劣化が著しく、残念ながら碑文の判読はむずかしい。東京大学埋蔵文化財調査室の原祐一らの努力の積み重ねによって、東京大学一三〇周年事業として保存修復され、工学部武田先端知《せんたんち》ビル一階フロアーに設置される予定であるという。

一方、向ヶ岡貝塚自体は、坪井は「此古跡の有る地は格別六ヶ敷《むつかしき》所では無く、僅《わずか》に一筋の往来を隔てたる大学の北隣、即ち旧向ヶ岡射的場の西の原、根津に臨んだ崖際でござります」と記したが、すでに「地均らしの為日々人夫が往来するので踏みにじられる事甚

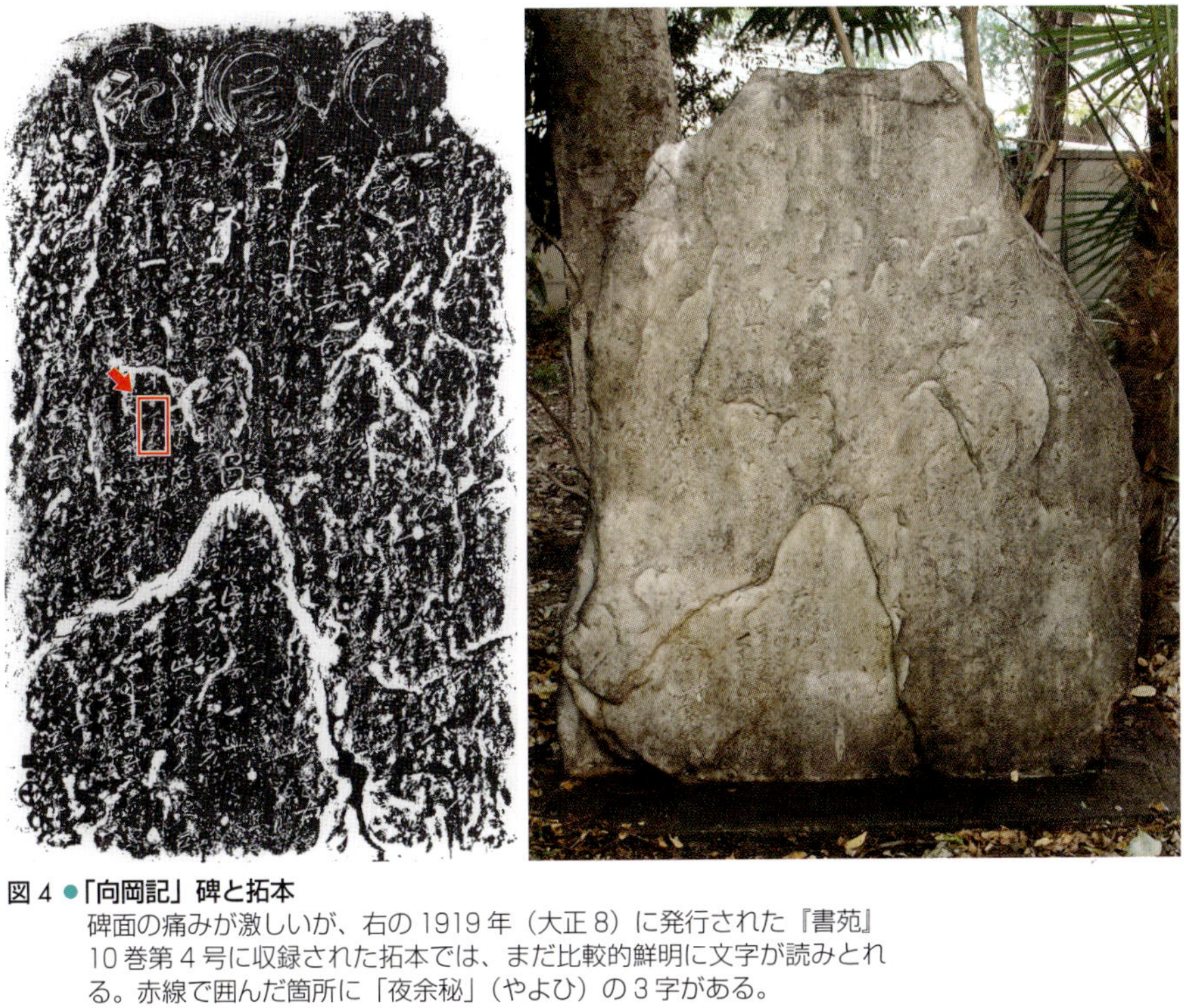

図４●「向岡記」碑と拓本
碑面の痛みが激しいが、右の 1919 年（大正 8）に発行された『書苑』10 巻第 4 号に収録された拓本では、まだ比較的鮮明に文字が読みとれる。赤線で囲んだ箇所に「夜余秘」（やよひ）の 3 字がある。

しく将に其跡を失はんとして居る」と述べる。そして坪井の危惧は、発見者有坂が三九年後、一九二三年（大正一二）の講演で「今日では弥生町の街が建って遺蹟の正確な位置は解りません」と語ったように、現実となってしまう。

そこから向ヶ岡貝塚はどこなのかの探索がはじまるのだが、それは第3章でみることにして、発見した三人に目を向けてみることにしよう。

3　発見者たち

モールスの影響と断絶

一八八四年三月二日、ともに向ヶ岡貝塚の地を踏んだ三人は、すでにみたように、大きくいえばモールスにはじまる東大理学部のなかにおける考古学熱の影響下にあった。

モールス（図5）は、ハーヴァード大学のルイ・アガシーのもとで動物学を学び、日本近海の貝類（腕足類《わんそくるい》）を研究するために、一八七七年の六月に横浜に上陸し、七

図5 ● 当時のモールス
E．S．モールスは日本に進化論や科学的思考を植えつけた。日本人より日本美術を愛したといわれるE．フェノロサを紹介したのもモールスであった。

月に二カ年契約で東京大学理学部の初代動物学教授に着任した（八二年に再来日し一年間滞在）。

六月に横浜から東京へ向かう汽車の車窓から大森村で貝殻の堆積を見出し、アメリカでの経験から直ちに人類が残した遺跡とみなした。九月になってようやく発掘に着手し、一二月まで四回にわたる調査をおこなう。そして二年後に調査研究報告〝Shell Mounds of Omori〟（邦訳版『大森介墟古物編』、図6）を刊行したが、そこには提唱間もないものの欧米で急速に支持されつつあった進化論に立脚する科学的な観察や計測にもとづく考察が展開されている。これにより日本の近代考古学はモールスにはじまると評価され、それは今後も変更されることはないだろう。

モールスの来日と活動は、東京大学理学部を中心として日本の学術界に大きな刺戟を与えた。来日翌年には、理学部植物学教授の矢田部良吉を会長とする東京大学生物学会が設立された。考古学

図6 ● モールスによる大森貝塚の報告書
日本における近代的考古学の幕開けを告げる成果と評価される。邦訳は同僚の矢田部良吉。

分野でも同様で、佐々木忠次郎は七九年に飯島魁とともに陸平貝塚の発掘調査をおこない、モールスにならって"Okadaira Shell Mound at Hitachi"という報告も刊行した。ところが、佐々木は養蚕学・昆虫学、飯島は動物学・寄生虫学を専門とするそれぞれ農科大学・理科大学の教授となったように、モールスの教え子たちのほとんどはモールスと同じ生物学分野の道を歩んでしまった。

図7 ● **有坂鉊蔵**
考古学への関心を深め向ヶ岡貝塚で壺を発見したが、造兵学の専門家となり、55歳になってから弥生町の回顧談を語りはじめた。

有坂鉊蔵

向ヶ岡貝塚の壺発見に立ち会った三人は、これらモールスに深く学び、かつ心酔した学生たちよりも六、七歳若い、いわば第二世代の生徒・学生たちであった。

壺の発見者である有坂鉊蔵（図7）は三人のなかでもっとも若い。有坂の考古学への興味を知った義兄の石川千代松は、モールスの直弟子だったことから、有坂少年を教師館にたびたび連れて行き、モールスと親密になった。モールスは、横浜に行く途中、同行した石川と有坂を大森貝塚に案内して土器片を有坂に拾って与えたこともあったという。そして有坂は小石川植物園内貝塚など近くの遺跡を訪ね歩き、一八八三年（明治一六）に向ヶ岡貝塚や現在のＪＲ鶯谷駅の上野寄り出口付近にあたる新坂《しんさか》の貝塚を発見する。

しかし有坂は、父銓吉が韮山の反射炉をつくった江川太郎左衛門の門下であった関係からであろうか、東京大学工科大学に進んで造兵学を専門とするようになり、やがて同大学教授および海軍造兵中将となり、考古学への発言はしばらく途絶えてしまう。

そして五五歳となる一九二三年（大正一二）になって、東京帝国大学人類学教室の鳥居龍蔵と松村瞭《あきら》の求めに応じて、人類学会で「日本考古学懐旧談」と題して講演し、向ヶ岡貝塚で弥生土器を発見した経緯などを語りはじめる。これを含めて五回にわたって証言記事を残した。この講演は、語り出しも結びもともにモールスの話題であり、有坂がモールスの心酔者であることがよくあらわれている。

坪井正五郎

坪井正五郎（図8）は、向ヶ岡貝塚で壺が発見された八四年の一〇月に「じんるいがくのとも」という寄合いをはじめ、八六年（明治一九）六月になってこれを東京人類学会と改称し、その翌月に大学院に進ん

図8 ● 坪井正五郎
日本における人類学の創始者で、人類学の一分野として考古学の組織化・普及をはかった。

で、日本で初めて人類学を専攻した人物である。

人類学を専攻したといっても坪井は、考古学にもっとも重きをおいた。たとえば、考古学は「古物古建築物遺跡等に関する実地研究を基礎として当時の事実を正確に推考するを務めとする学問なり」とのべた定義は、過去を広く対象としており、現在の眼でみても高く評価できる。

しかし、八六年の会誌第一号で、渡瀬荘三郎が札幌の石器時代竪穴《たてあな》をアイヌの伝説に登場するコロボックル（「蕗《ふき》の下の人」の意）が遺したと主張したのに坪井が同調し、白井光太郎との応酬のなかで本州の石器時代人もコロボックルであるという荒唐無稽とも思える主張へと進み、さらに解剖学講座教授である小金井良精《よしきよ》の批判にもかかわらず、一九一三年（大正二）にロシアで客死するまで自説を撤回しなかったという一面もある。

坪井のもとで人類学を学んだ鳥居龍蔵は、坪井が「私がモールスの弟子で、日本の人類学は同氏から起ったとするのは心外である」と述べたり、「モールス氏が集められた大森貝塚採集の土器石器骨角器等を標本板にしばりつけたのをことごとくもぎとったことがある」と証言している。坪井の、有坂とはまったく異なるモールスに対する態度として興味深い。

白井光太郎

白井光太郎は理学部で坪井と同期生だが、植物学科を卒業して植物分類学を専門とした。のちに農学部教授として植物病理学を講じたが、神風山人やM・S生というペンネームで考古学や人類学の見解も多数発表している。坪井が「じんるいがくのとも」に先立って自筆発行した

『小梧雑誌《しょうご》』で、すでに石器製造法の論考を寄せていたり、同じ福井藩系であることも手伝ってか、早くから協力関係にあった。

しかし、坪井のコロボックル説には手厳しい批判を繰り返した。鳥居は「白井光太郎さんの方が坪井さんよりはむしろ専門家のように」思ったとも書いている。

白井が学んだ理学部植物学科の初代教授はモールスを支えた矢田部良吉であることに注意しておこう。

モールスを敬愛した有坂、モールスの自然科学の系譜を継いだ白井、この二人はモールスの考古学を継承しなかった。日本人による考古学はモールスとは距離をおいた坪井からはじまり、モールス流の科学的考古学はゆがんだ形でしか継承されなかったのである。

そして弥生式土器の本格的な研究を進めたのは、在野の蒔田鎗次郎であった。

図９●「弥生式土器発掘ゆかりの地」石碑
1986年に言問通りの弥生２丁目バス停南側に設置された。もっとも目立つ石碑だが、正確な地点を示すものではないことに注意が必要である。

第2章　弥生時代研究の幕開け

1　蒔田鎗次郎の活躍

「弥生式土器」という用語を最初に活字にしたのは蒔田鎗次郎（一八七一―一九二〇）である。一八九六年（明治二九）三月一五日に起きた出来事に由来するから、これまた弥生である。

この日、現在のJR駒込駅の東南約三〇〇メートルの地にあった蒔田の私邸でごみ捨て穴を掘ったところ、完全な形の壺などの土器が出てきた。これは遺物のある層だということで翌日から発掘をはじめ、翌々日には東大人類学教室から助手の佐藤伝蔵、標本掛の鳥居龍蔵、画工の大野雲外といった若手の応援を得て、都合三日間調査した。

そして、その調査と分析成果を、五月発行の『東京人類学会雑誌』第一二二号に「弥生式土器（貝塚土器ニ似テ薄手ノモノ）発見ニ付テ」と題して報告する（図10）。この報告のなかで蒔田は、「是等ノ土器ハ貝塚土器トハ一種異ナルモノニシテ初テ弥生ケ岡ヨリ発見セラレタル故ニ人類学教室諸氏ガ弥生式ト名付ケラレタルモノ」と名称の由来を述べている。

この一文で応援に参じた鳥居らが弥生式と指摘したことは明らかだが、鳥居が後年「当時これらの土器を精密に調査せられた人は、実に蒔田鎗次郎氏でありました」と述べたように、蒔田の活躍なくして「弥生式土器」という語の普及も、また議論の発展もなかったであろう。蒔田の研究によって、弥生式土器

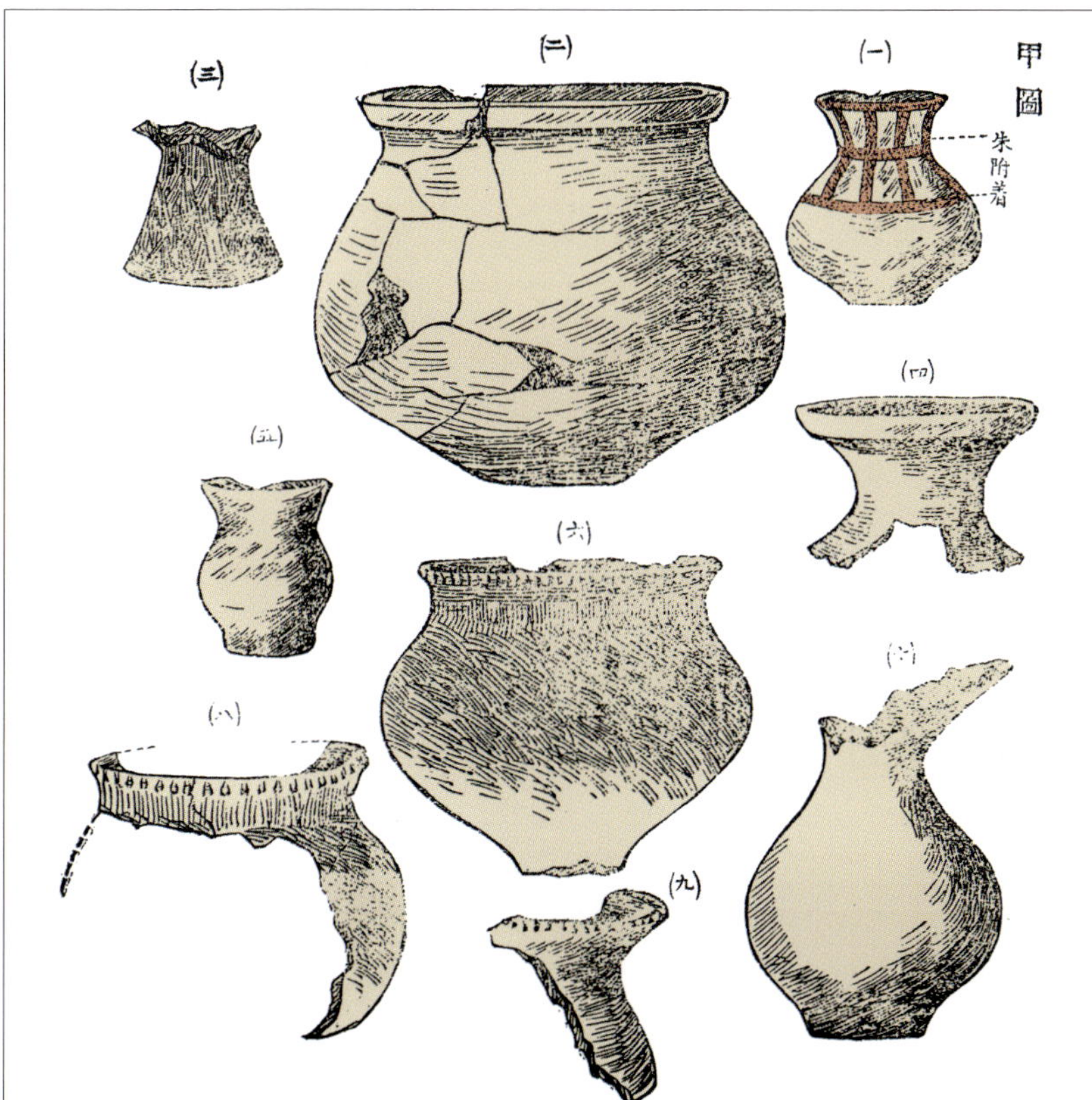

図 10 ● **蒔田邸出土の土器**
日本最初の弥生式土器に関する研究論文に収録された図。記述は詳細かつ具体的である。右上の土器（一）はつぎのように記述される。
「高４寸（約 12.1cm）、口部外径２寸７分５厘（約 8.3cm）、膨大部直径３寸７分５厘（約 11.3cm）、底部直径１寸６分５厘（約 5.0cm）、厚サ１分５厘（約 3.3mm）、色ハ黄褐色ニシテ黒ノ斑ラアリ鉄朱ヲ以テ上部ヨリ腹部ヘ模様ヲ画カルヽ事図ノ如シ其位置ハ口部北方ニ向ヒ殆ンド五十度程ノ傾斜ニヨリテ存在ス」

が有意のまとまりと認識され、その使用者は誰か、またそれはどのような時代・文化なのかが本格的に議論されるようになるのである。

蒔田は、若山化学研究所という専門学校を経て、内務省雇技師ウィリアム・バルトンから写真技術を学び、巣鴨町上駒込の私邸で、彩色写真の技術で生計を立てていた。どのような経緯で考古学に関心を寄せるようになったかは不明だが、漢籍の学習は長続きしない代わりに、理化学に熱中した点が考古学に活かされたように思われる。

蒔田邸は現在の豊島区駒込

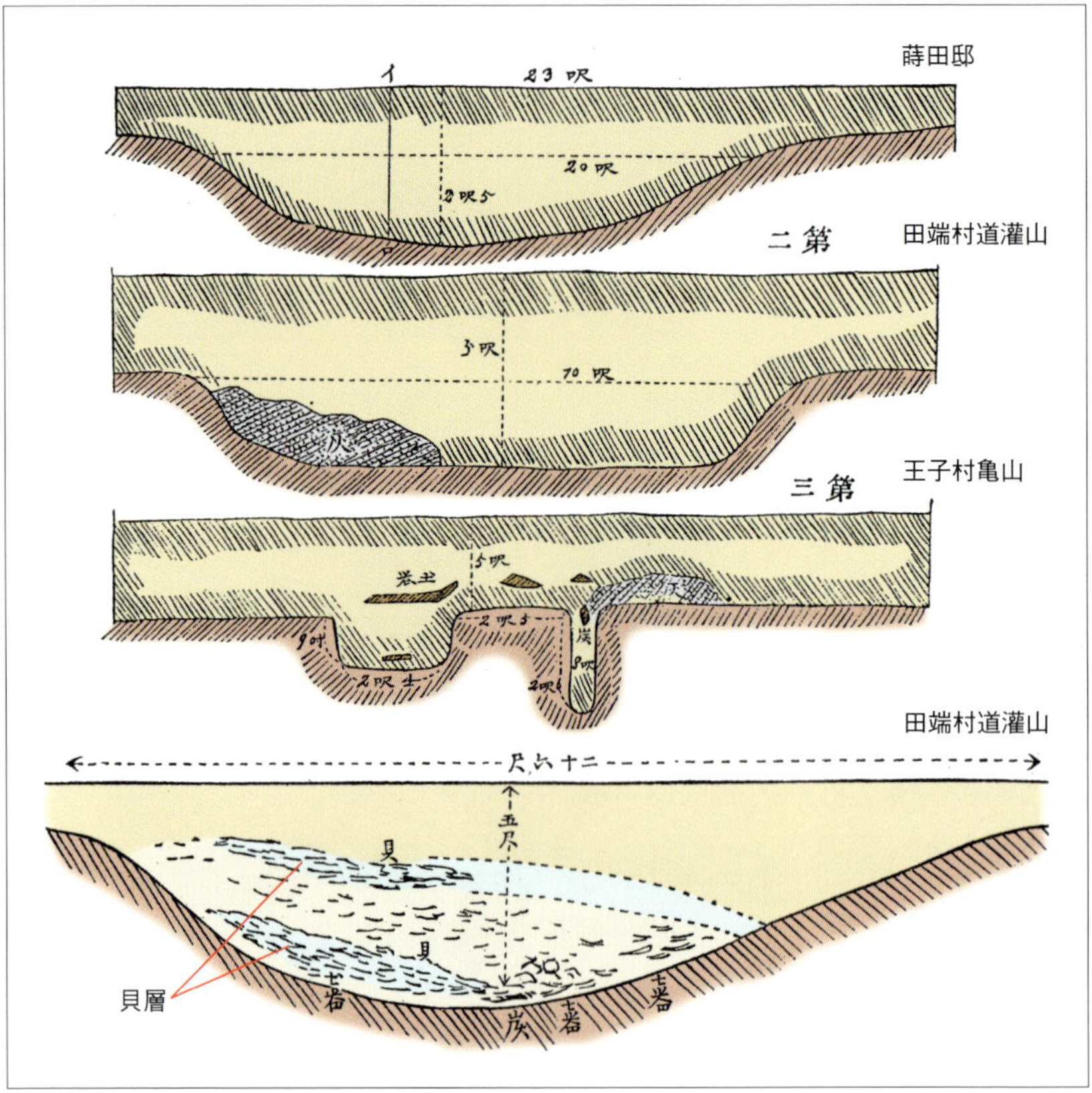

図 11 ● 蒔田による竪穴の断面図

蒔田は竪穴を発掘して断面図を作成し、灰や貝殻・土器の堆積・埋没状況を図で明示した。上 3 例は竪穴住居、最下例は貝層と土器の出方から環濠の疑いもあるが 26 尺（7.9 m）という幅からみて埋没谷であろう。

一丁目遺跡内にあり、遺跡は区境を越えて文京区の上富士前遺跡に連続することがわかっている（図51参照）。蒔田の報告は詳細緻密で、ほぼ全形がわかる土器九点について個々の寸法や特徴だけでなく、出土時の土器の傾きや相互の位置関係までも記録している。

それらは竪穴から出土したと判断し、田端村道《どう》灌山《かんやま》と王子村亀山の竪穴とともに断面図（図11）を掲示して住居であると考え、さらには竪穴の大小は住人の多少によるもので、近くにさらに竪穴があるので集落をなしているとまで指摘する。

そして、道灌山から北へ伸びる台地がちょうど豊島線鉄道工事によって削られることから、「坪井先生の命を受け日本鉄道会社は之に向て便宜を与へられたので十分満足なる調査」（『東京人類学会雑誌』第一九二号）を遂行できるという幸運も手伝って、わずか五、六年で弥生式土器研究を飛躍的に進展させた（図12）。

図12 ● **田端村道灌山でみつかった弥生式土器**
図11最下段の断面図とともに図示された土器群。大きな壺の頸部文様が、図10の蒔田邸の土器（一）の彩文と酷似することに注目したい。

2　弥生式土器という概念の成立

一括遺物概念と型式学的方法

蒔田鎗次郎の弥生式土器研究はわずか九カ年で幕を閉じてしまうが、そこにはいくつもの重要な特徴がある。

その第一は、設楽博己《したらひろみ》が「素朴ながら型式学と一括遺物概念」と評価したような、研究方法の斬新さである。もちろん型式学や一括遺物概念は、蒔田が活躍したちょうど同じ頃、北欧のオスカル・モンテリウスが提唱した概念・方法であって、蒔田は知るべくもない。しかし、竪穴から土器が出土する状態を確かめてひとまとまりの土器群と認め、遺跡間でそれらを比較検討したり、貝塚土器（縄文土器）と一緒にみつかる事例は近接する石器時代包含層からの混入とするなどは、一括遺物概念や型式学的方法に準じるとみなしてよい。

そうした点に注意しながら蒔田の論文を再点検すると、蒔田の「弥生式土器」には二つのまとまりがあることに気づく。ひとつは蒔田邸出土土器の仲間としての弥生式土器であり、もうひとつは石器時代土器（現在の縄文土器）や埴輪物《はにわぶつ》・祝部土器《いわいべどき》（古墳出土の埴輪や須恵器《すえき》）とは区別されるまとまりとしての弥生式土器である。

蒔田が私邸の土器を弥生式土器と認定した際に対比したのは向ヶ岡貝塚の土器だけではない（図13）。竪穴から出土した小石川伝通院《でんづういん》裏手の貝塚の土器を弥生式と扱い、人類学教室が「弥生式」と愛称をつけるきっかけとなった西ヶ原貝塚の土器も当然同類とみなされたはずである。

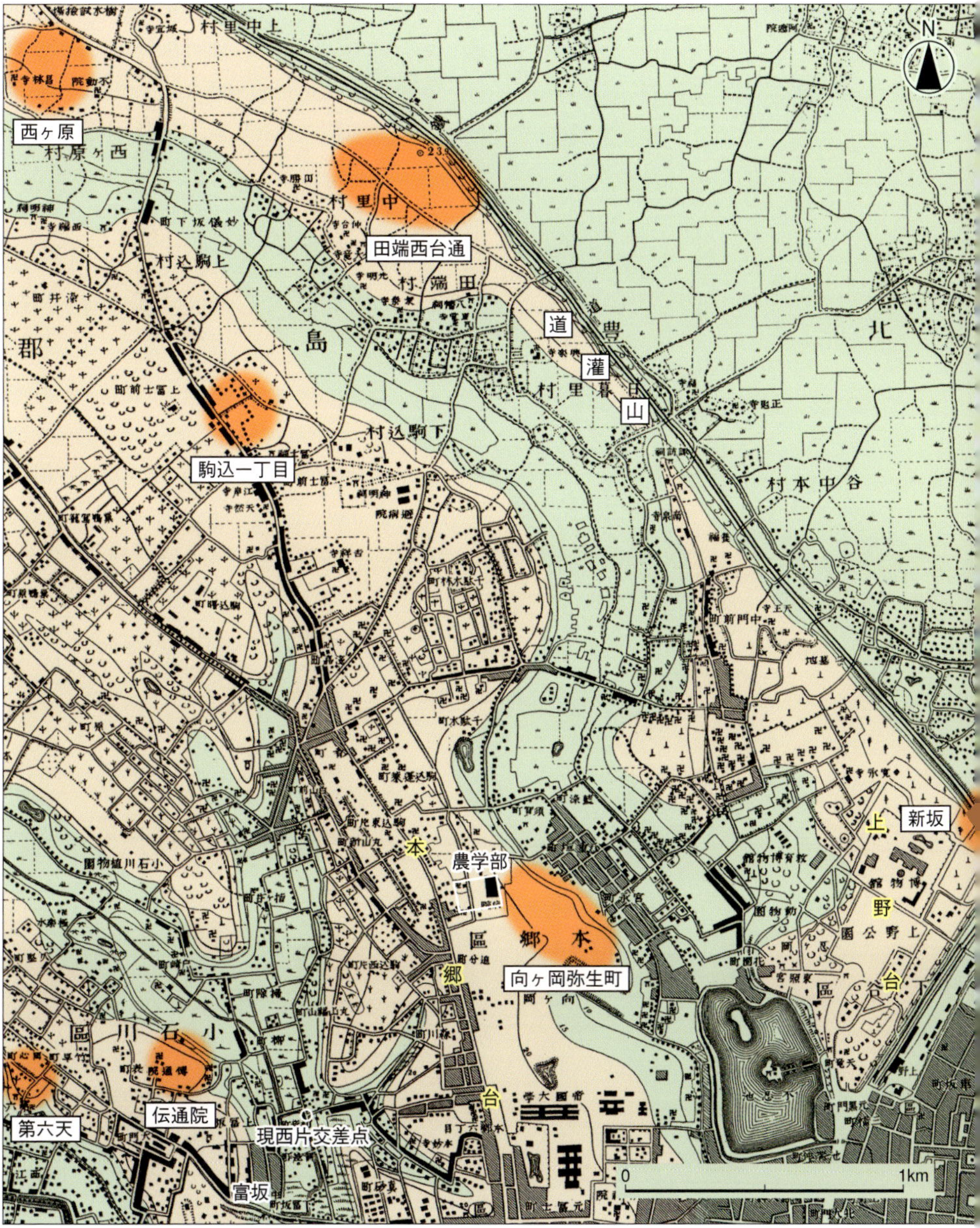

図 13 ● 蒔田が発掘した場所

蒔田は、新坂を除く少なくとも６遺跡の類例を比較検討できた。とくに蒔田邸の現・駒込一丁目遺跡と田端村道灌山は自ら発掘して出土状態まで観察したうえで弥生式土器の研究を進めた。なお、現在の道灌山遺跡は当時日暮里村なので、蒔田の田端村道灌山は現・田端西台通遺跡にあたる。

竪穴の比較をした道灌山や亀山も、同種の土器が出土したとみなしたからにほかならない。

狭義の弥生式土器と広義の弥生式土器

蒔田は、これらの資料群をとおして弥生式土器の特徴をつぎのように述べる（カッコ内は現在の用語に置き換えたもの）。

①石世期《せきせいき》（縄文時代）よりも簡単な装飾
②円形や刻みの模様
③沈紋《ちんもん》（沈線文《ちんせんもん》）による三角形および格子目の図形
④凹線《おうせん》（沈線）と凸線《とつせん》（棒状浮文《ぼうじょうふもん》）
⑤口と肩部に並行する（帯状）文様
⑥鉄朱（ベンガラ）や黒色顔料
⑦石世期よりも細かい席紋《せきもん》（縄文を当時は編み物とみていた）
⑧席紋は主に装飾として用いられ、口縁部に多い
⑨無紋が多くて有紋土器は少ない
⑩石世期よりも形態の種類が少ない
⑪無花果形《いちじく》が多い
⑫薄手で脆弱

これらの特徴をもつ資料は、現在の型式名でいえば、南関東の弥生後期の久ヶ原《くがはら》式と弥生町

式に相当する内容である（図46参照）。これが蒔田の「弥生式土器」の狭義の範疇である。

しかし、これとは別に広義の「弥生式土器」の範疇も示している。

蒔田は①〜⑫をもとに狭義の弥生式土器を「一定式ニヨリ成立スル」と認めて石器時代土器と区別する一方、

⑬弥生式は平底だが祝部（須恵器）は丸底が多い

⑭無花果形胴部や台付瓶形は祝部にはない

と須恵器との違いを強調する。

こうした広義の範疇も用意したことにより、①〜④・⑦・⑧の特徴を欠き、向ヶ岡貝塚や私邸出土の土器とはまったく異なる長野市箱清水遺跡の土器群（図14）も躊躇なく弥生式土器の範疇に含めることができた。このあと弥生式の範疇が全国に拡大するのも、この広義の概念範疇があったからである。

図14 ● 蒔田が図示した長野市箱清水遺跡の土器
東京界隈の弥生式土器とは異なって、櫛描文と赤彩が特徴的。
蒔田はこれも弥生式土器と考えた。現在は弥生後期の箱清水式土器とよばれている。

石器時代より新しく古墳の時代よりも古い

蒔田の主張は、大野雲外らとの間で『東京人類学会雑誌』を舞台として論争となる。大野は、弥生式土器を「大和民族の神祭りの土器」として古墳時代以後のものとみる意見を繰り返して蒔田を批判した。

しかし蒔田は、弥生式土器には日常用いた煤の痕跡があり、しかも日常生活の場である住居から出土することなど、逐次具体的証拠をあげて反論した。

それはさておき、蒔田の報告でもっとも重要なのは、弥生式土器を縄文土器や埴輪と比較してそれぞれ類似点と相違点とをあげ、両者の中間的位置にあることを主張した点である。そして使用者を「石器時代ノ或ル一部ノ意匠ヲ応用セル所ヲ見マスレバ必ズ其ノ次ニ棲息スル人種デ或ハ埴輪時代ノ人種ト同一ナランカト思ワレマス」と言いつつ、須恵器とも共伴しないから須恵器や埴輪以前であるとも述べる。

そして「弥生式土器使用者ハ石器或ハ鉄器ヲ使用シタルモノニ相違ナカルベキモ包含層ヨリ是等ノ痕跡ダモ発見シ能ハザルハ最モ遺憾トスル所デス」とする。石器時代より新しく、古墳の時代よりも古いと推測して、石器と鉄器のいずれが伴うのか迷うのである。

こうした蒔田の見解は、のちに八木奘三郎《そうざぶろう》が弥生式土器を中間土器、N・G・マンローがintermediate potteryとよび、あるいは中山平次郎の金石《きんせき》併用時代説が登場する伏線となった。

3　弥生式土器には石器が伴う

ところがその二年後、蒔田自ら田端村道灌山の竪穴の底から一点の「石槍に類する石器」を見出し（図15・に）、「弥生式使用人種は猶石器時代にありしか暫く後の発見を待つ」と述べることになる。また、蒔田は長野市箱清水遺跡でも数個の磨かれた石器が竪穴から出土した（図15・ノ〜ヤ）が、弥生式に石器が伴うと論じることはなかった。

それは、あとで述べるように、人類学教室に標本取扱として勤めていた八木奘三郎（一八六六―一九四二）が、一九〇〇年（明治三三）に九州に調査旅行をした際に、弥生式土器に青銅器が伴う事例を知ったことを直ちに報告したことも影響したかもしれないし、あるいは私邸内遺跡の報告で述べたように、むしろ鉄器が伴うのではないかと推測していたからであるかもしれない。

しかし、その後、弥生式土器に石器が伴うという報告がつぎつぎとあらわれる。まず一九〇七年（明治四〇）

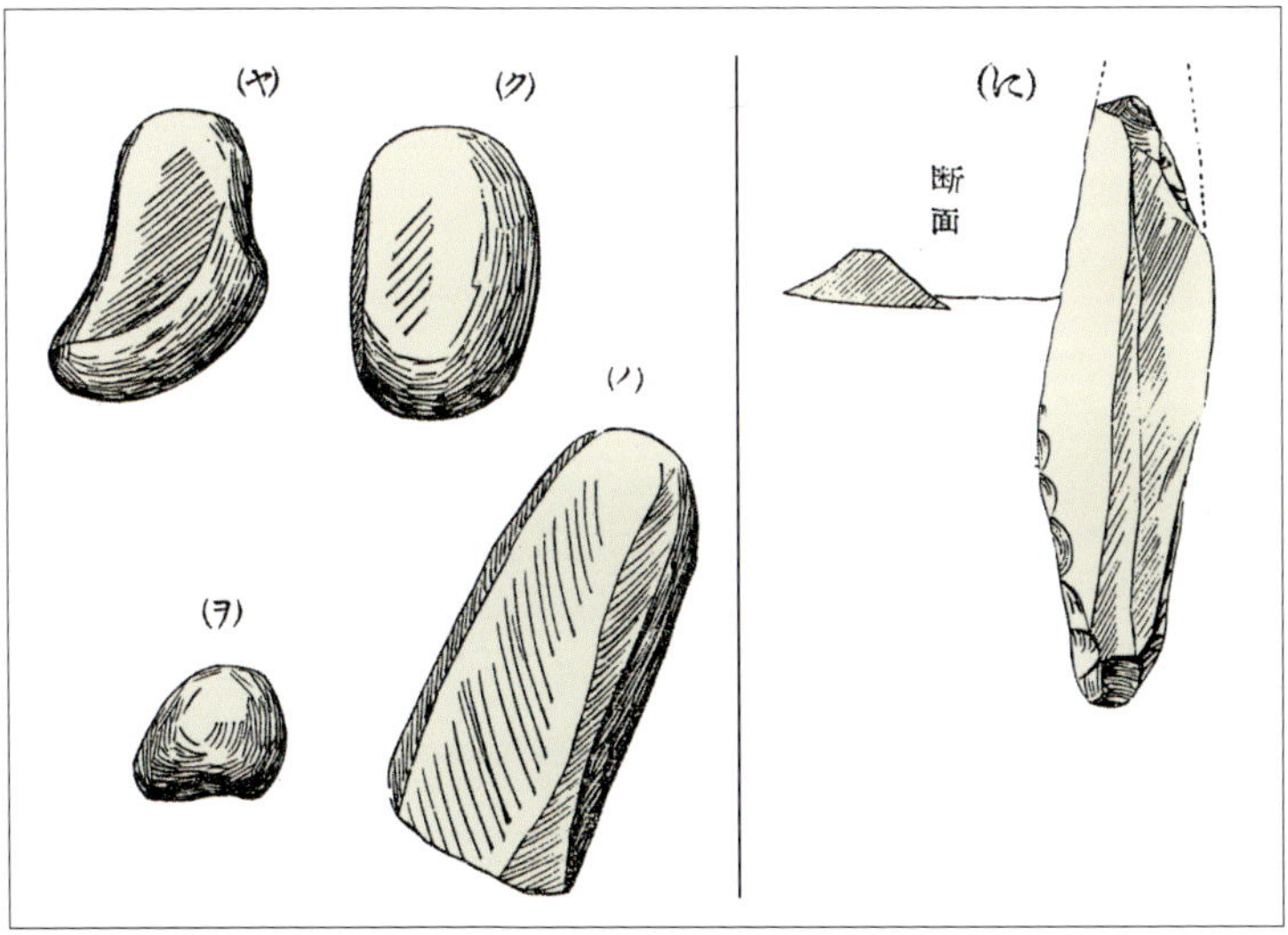

図15 ● 道灌山（右）と箱清水（左）で弥生式土器と一緒にみつかった石器
道灌山の石器は現在の目でみれば、旧石器時代のナイフ形石器である。
箱清水の（ノ）は磨製石斧、（ク）は磨石と思われる。

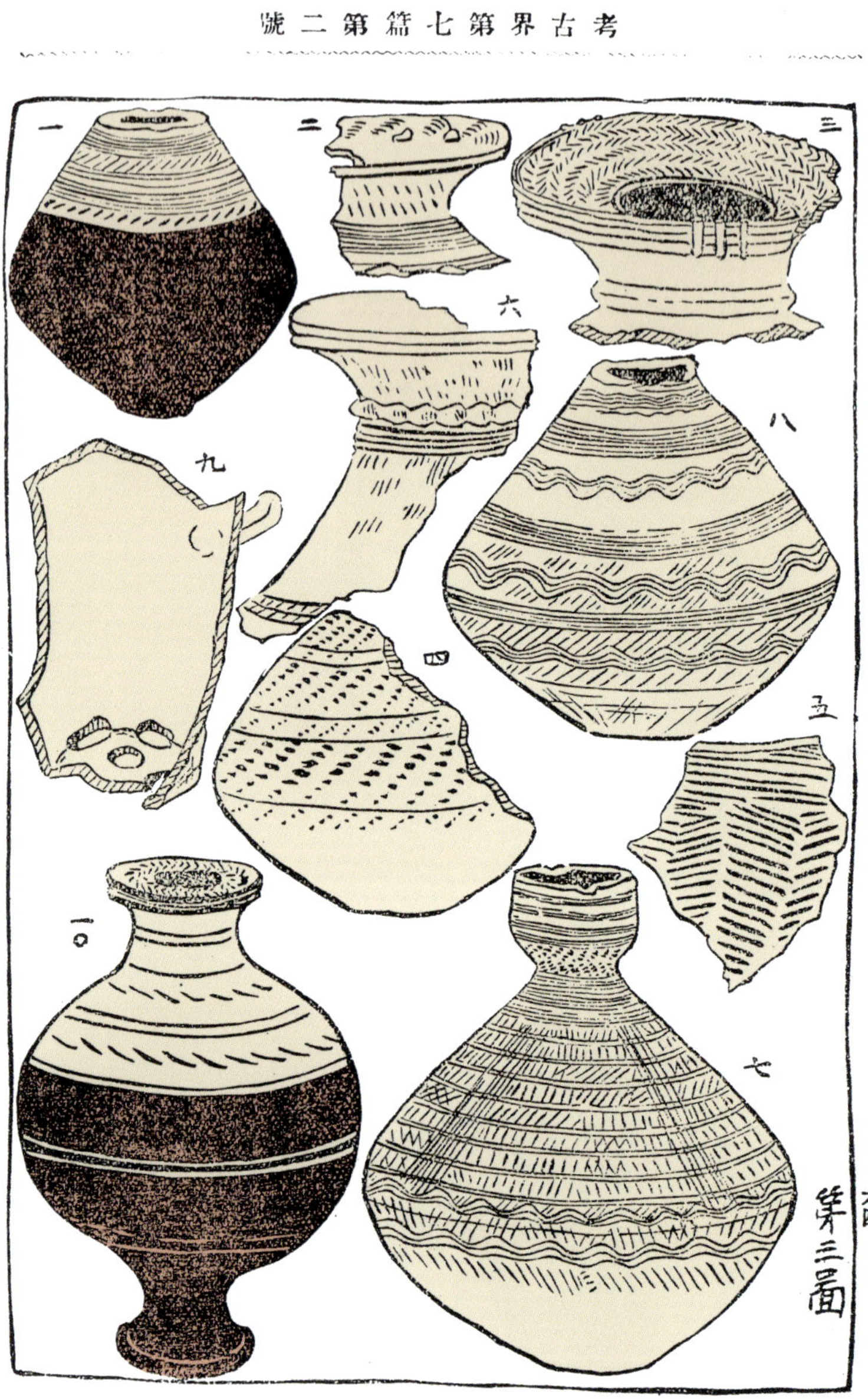

図 16 ● 尾張熱田高倉貝塚で出土した弥生式土器
これらに伴って石器が出土した。現在の目でみれば、六は弥生前期、五は弥生前期〜中期初め、四・七・八は中期後半、一〜三・一〇は後期、九は古墳時代の土器である。

に、尾張熱田高倉貝塚《おわりあつたたかくら》（現・名古屋市高蔵貝塚）で、遺跡の中央を縦断する道路建設の工事がおこなわれ、多数の弥生式土器や貝類・獣骨類とともに磨製石器・石鑿《いしのみ》・凹石《くぼみいし》・石鏃《せきぞく》が採集されたことを鍵谷徳三郎が紹介する（図16）。

さらに一九一〇年代に入ると、兵庫県加茂《かも》遺跡、福岡県今津《いまづ》貝塚、大阪府国府《こう》遺跡など各地から弥生式土器に石器が伴う事例が報告されるようになった。そうしたなかで、今度は弥生式土器に伴う石器は縄文式土器に伴う石器とは異なる特徴をもつことに気づかれる。そして、それが弥生式土器をもつ文化の性格やその使用者像を決定的なものにしていくことになる。そのことを最初に指摘したのは蒔田邸の発掘の応援に駆けつけた一人、鳥居龍蔵であった（図17）。

本書では、このあといったん舞台を西日本に移す。それは弥生式土器に始まる議論の展開が西日本で繰り広げられるからであるが、理由はもう一点ある。そうした経過のなかで向ヶ岡貝塚の姿が考古学者の意識から薄らぐ結果をもたらしたと思えるからである。

4　弥生文化の起源をさぐる

一九〇八年（明治四一）に鳥居は、弥生式土器に伴う石器が、たんに縄文式土器に伴うものと異なるというだけでなく、むしろ朝鮮半島や旧満州の実例に共通点があることを指摘した。鳥居は、旧満州発見の石器には片刃・両刃の磨製石斧《ませいせきふ》、石槍（現在の有柄式石剣《ゆうへいしきせっけん》）、石庖丁《いしぼうちょう》があり、「弥生式のそれと大いに似」ていると論じた。ついで八木も、朝鮮半島の石器はすべて磨製石器で、そのうち石庖丁、石剣、石鏃が日本の九州・中国地方の石器と共通する点に注目した。

鳥居は、日清戦争終結直後の一八九五年（明治二八）六月に遼東半島・旧満州の現地調査におもむき、一九〇五・〇九年（明治三八・四二）にも人類学的調査をおこなっていた。八木は一九〇〇年と〇一年（明治三四）に朝鮮半島の調査をおこない、ついで鳥居も一九一一年（明治四四）から朝鮮半島の調査をおこなった。それらの成果にもとづくものである。

そして一九一七年（大正六）に、東京人類学会会員でもある大阪毎日新聞社の本山彦一社長の求めに応じて畿内の石器時代遺跡を調査して、その後の弥生時代観を決定づける指摘をおこなうことになる。

石庖丁、「蛤刃《はまぐりば》と片刃」の磨製石斧（現・太形蛤刃石斧と扁平片刃石斧）、「湾曲片刃の石斧」（現・抉入柱状《えぐりいりちゅうじょう》片刃石斧）、磨製石剣の一群を弥生式土器に伴う石器と認定し、それらが朝鮮半島や旧満州に広がることを重視して、弥生式土器の使用者を日本民族の祖先の一員として「固有日本人」とよび、「彼等はもと大陸から移住して来た」、「其の母の国は亜細亜大陸―朝鮮半島であったろう」と主張した。ちなみにこの論文は、畿内で打製石器が多数出土することを

図 17 ● **鳥居龍蔵**
鳥居は、正規に学校に通ったのはわずかに小学校１年だけで、のちに東京帝国大学理科大学助教授になった。傑出した行動力で、日本のみならず東アジア各地で考古学・人類学のフィールドワークをおこなった。

もって弥生式土器使用者が闘争をおこなっていたと推測する見解も述べている。

このように、弥生式特有の石器が大陸に起源をもつという見解は、京都帝国大学の梅原末治も積極的に承認し、石器資料の集成をおこなって（図18）、広く承認される道を整備した。

5　弥生式土器には金属器も伴う

弥生式土器には石器が伴い、しかもそれが大陸に起源があるという認識が形成されるのと並行して、弥生式には青銅器も伴うことが確かめられていった。

一九〇〇年、北部九州を実地調査した八木は、神《こう》籠石《ごいし》と青銅器の問題に集中的に取り組み『東京人類学会雑誌』に二回にわたって計六三ページにおよぶ長大なレポートを発表した。そのなかで銅矛《どうほこ》・銅剣類の出土状況を調査し、筑前《ちくぜん》粕屋《かすや》郡（現・古賀市）鹿部《ししぶ》の銅剣（銅戈《どうか》）が一八九八年（明治三一）に発

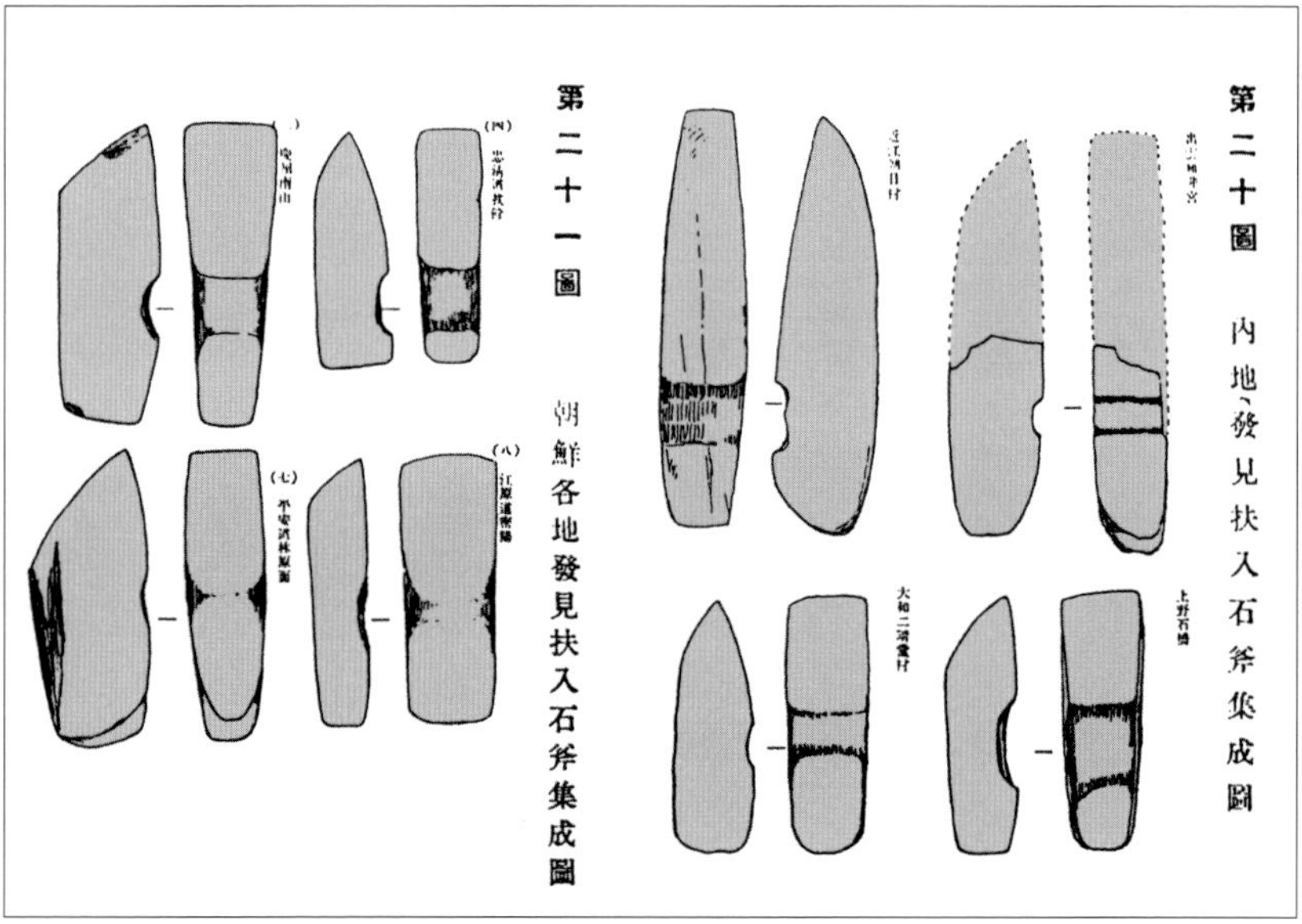

図18 ● **梅原末治による朝鮮と日本の抉入柱状片刃石斧の対比**
図の上が斧の刃部。抉りは柄の台部に斧を装着する際に紐でくくりつけるためのしかけ。「ちょうな」のように木材を削り加工する斧である。

見されたもので、「瓶ヲ二個合セテ其中ニ収メアリシモノナリ、其瓶ハ素焼ナリ」という出土時の経緯を記した書面があることを紹介する。

そして自ら甕棺《かめかん》を発掘して、これらの「大甕の前後左右に彼の弥生式土器の類が続々として埋れる」状況を確かめた。急遽朝鮮半島に調査に出かけることが決まったために十分な考察は果たせなかったものの、弥生式土器に青銅器が伴うことを指摘したのは重要な出来事であった。

その約一〇年後に鹿部を実地調査した古谷清は、銅剣が甕棺から出土したというは疑わしいとしたが、現地に残された土器は「弥生式の趣あり」と述べている。しかし、八木は蒔田のように弥生式土器に独自の位置を与えるのではなく、古墳時代に並行させる考えであったことが、問題の展開を拒む結果となってしまった。

じつは、八木の九州調査旅行の前年に、筑前須玖《すく》村岡本で甕棺から多数の銅鏡と銅矛・銅剣類が発見されていたが、このときに八木が知ることはなかった。ようやく一九〇六年（明治三九）の『日本考古学』と一九一〇年（明治四三）の『考古精説』でふれて、須玖岡本が鹿部と同一種のものであろうと述べる。そして、一九一六年（大正五）から『考古学雑誌』に連載された高橋健自の「銅矛銅剣考」で須玖岡本甕棺の副葬品の内容が明らかにされ、一九二五年（大正一四）に発表された学位論文『銅鉾銅剣の研究』では、銅矛四点以上、銅剣二点、銅戈一点、銅鏡一一面以上、ガラス璧などとなっている。

さらに鳥居が固有日本人説を発表した翌年の一九一九年（大正八）になると、京都帝国大学の富岡謙蔵が、「北部九州に於ける銅剣銅鉾及び弥生式土器と伴出する古鏡の年代に就いて」

を発表し、須玖岡本（図19）と江戸時代の一八二二年（文政五）に銅鏡多数がみつかった三雲《みくも》遺跡の漢鏡は前漢時代、天明年間に銅鏡多数がみつかった井《い》原鑓溝《はらやりみぞ》遺跡の漢鏡は王莽《おうもう》代前後の年代が与えられるという画期的な研究成果を提示した。江戸時代にすでに青柳種《たね》信《のぶ》によって三雲鏡群が中国鏡であることは指摘されていたが、独自の型式学的方法によって銅鏡の編年的整備をおこなったうえでの指摘であって、今日の銅鏡研究の土台を

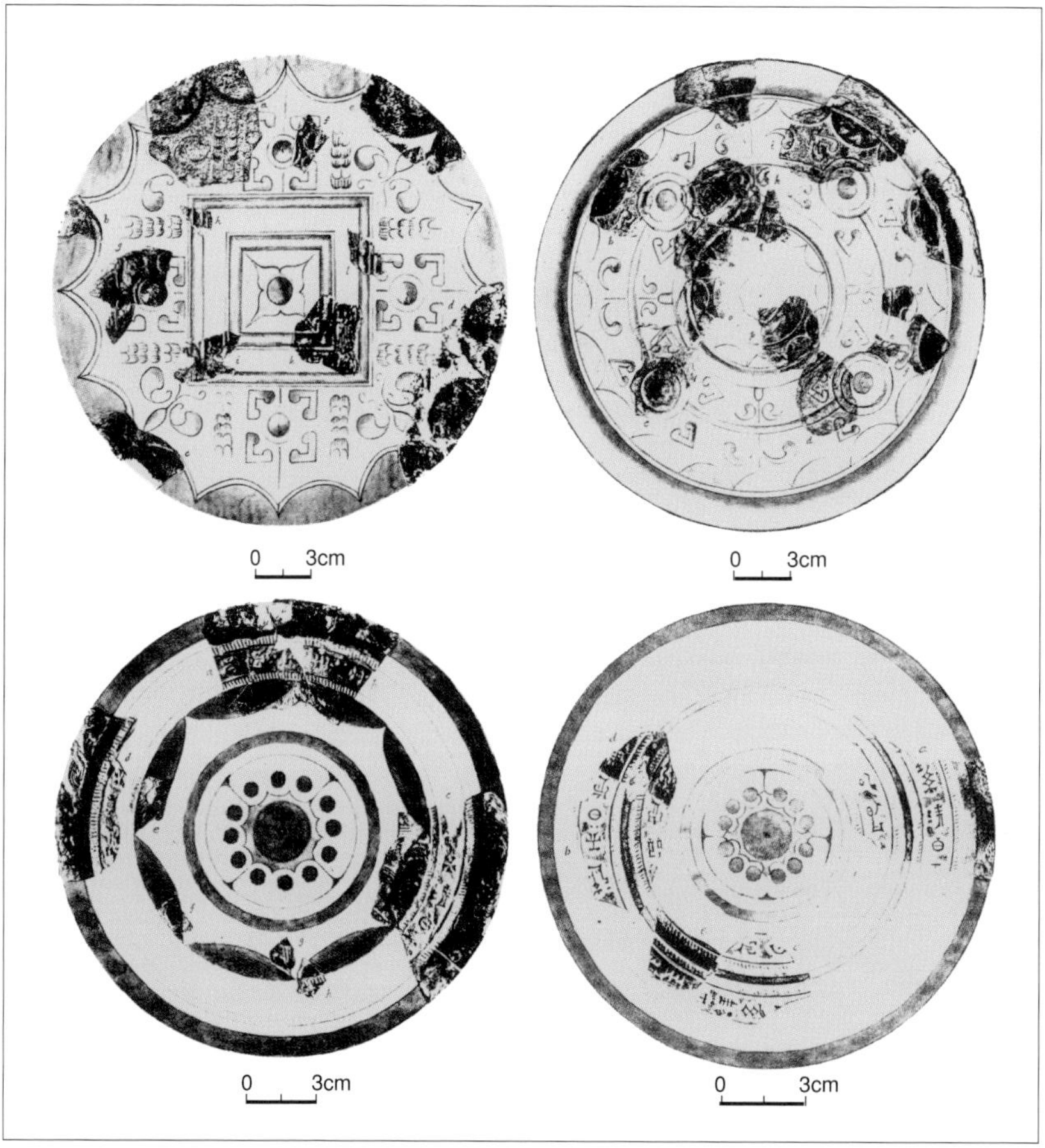

図19 ● **須玖岡本遺跡D地点で出土した前漢鏡群**
破砕された状態で出土した資料を梅原末治が復元・図化したもの。上段は前漢前期、下段は前漢中期に属する。

なす成果である。

これによって、八木が考えるような年代観はほとんど否定されたかにみえるが必ずしもそうはならなかった。それを決定的とするような、弥生式土器の編年体系がいまだ構築されてはいなかったのである。

ちょうど同じ頃、中山平次郎は北部九州の弥生式遺跡を精力的に探求し、弥生式土器に石器が伴う一方で、弥生式の甕棺には青銅器が伴う状況を明らかにし、さらに須玖岡本遺跡で新たにみつかった甕棺には鉄器の破片も伴うことも確認していた(図20)。中山はさらに、一二五年に栗山遺跡、一二七年(昭和二)には東小田峯遺跡、三四年(昭和九)には立岩遺跡と、つぎつぎに弥生式の甕棺に鉄器が伴うというきわめて重要な事例も蓄積していった。

しかしながら、古墳時代と石器時代が並行するとみる金石併用時代説をとっており、弥生式土器の時代を独立した時代とみる考えはとらないという問題をもっていた。八木の轍を踏む結果となったと言っ

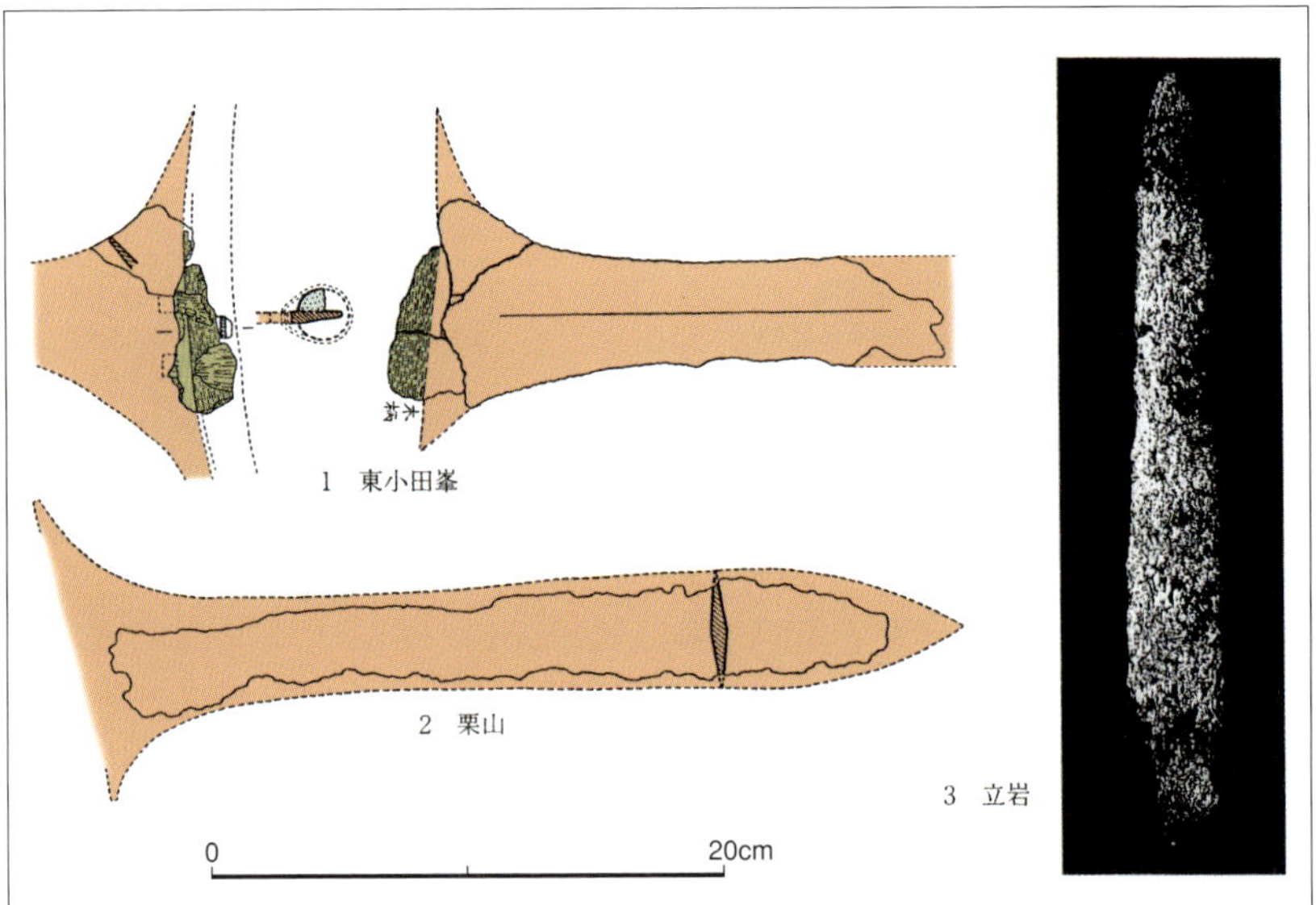

図 20 ● 中山平次郎が報じた甕棺出土鉄器
中山は、弥生式甕棺に青銅器だけでなく鉄器も伴うことを証明した。

ては酷であろうが、しかしのちに、北部九州の弥生文化を大陸文化と関連づけて理解する資料的条件が整備される大きな貢献ともなった。

6　弥生文化観の確立

森本六爾の弥生式土器編年

富岡の研究成果が公表されたことが刺戟となってか、弥生式土器の編年的研究を進めようとする動きが生まれる。弥生式土器に青銅器が伴い、その代表格である漢鏡に年代的序列があっても、また鉄器が伴うとしても、編年なくしてはそれらをいかようにも評価しえないのである。

漢鏡ならぬ弥生青銅器の編年と、弥生式土器の編年とを合せて達成しようという意欲的論文が、森本六爾（図21）によって一九三〇年（昭和五）に発表された。高橋健自の銅矛・銅剣研究や富岡謙蔵の銅鏡研究に導かれながら、銅矛・銅剣類の銅利器を新古に二大別し、このうち甕棺に伴う銅利器は古式であり、それにともなう一般の弥生式土器は古式であるとして、新式の銅利器・弥生式土器との二大別をおこなったのである。

図 21 ● 若かりし日の森本六爾
在野の考古学者で、東京考古学会を組織し、全国の在野の考古学者を糾合して共同研究を推進した。はじめ歴史考古・古墳研究、のち弥生文化研究に従事した。

森本のこの論文「北九州弥生式土器編年」は、蒔田鎗次郎が考古学界から去ってのち、まったくといっていいほどに弥生式土器の地域的研究がなかったことの反省に立ち、考古学的方法による地域研究を宣言したものである。それは小林行雄の弥生式土器「様式論」の先駆けと評価することができると考えられるものの、いたって理念的で、肝心の土器研究は明示されないという問題をもっていた。ようやくその四年後に、北部九州の弥生式土器を遠賀川《おんがかわ》式・須玖式・東郷式に編年し、これによってのちの弥生前・中・後期の三大別につながる道ができた。

しかし、これはむしろ小林が、畿内で遺跡ごとに出土する土器の比較をおこなうことによって、遠賀川式→櫛目《くしめ》式→粗製無文土器という変遷を考えたことの北部九州への応用ではなかったかと疑われる。それほどこの頃の小林は森本に情報を提供している。両者の議論の具体性を比較すれば明白であろう。

小林行雄「弥生式文化」

小林は、おもに畿内の弥生式土器を自ら理論化した様式論にもとづいて編年研究を積極的に進めており、その精緻さは森本を圧倒していた。この小林の一連の研究で重要なのは、弥生式土器の時代が古墳時代に先行する独立した時代と認めたことであり、その前提に立って弥生式土器時代の変化の過程を追究している点である。

ただし、これはあくまで古墳時代に先行するという意味であって、縄文時代に後続することをただちに意味するわけではない。山内清男《やまのうちすがお》が、縄文土器型式の編年研究の成果として、東北地方の亀ヶ岡式と並行する段階を晩期とすると、それが西日本にも存在することから、縄文式の終わり、すなわち弥生式のはじまりは東西日本の間で大差ないことを三〇年に主張した。にもかかわらず、森本でさえ西日本の弥生時代と東日本の縄文式土器は並行するとみていたし、小林も一部並行するとみていた。

そうしたなかで小林は、森本が亡くなった翌年の一九三七年（昭和一二）、末永雅雄が常駐する奈良県唐古《からこ》遺跡の発掘調査に京都から頻繁に通い（図22）、自らの弥生式土器編年の妥当性を確認する。そしてその翌年、論文「弥生式文化」を発表する（図23）。

木製農耕具が豊富に出土し、炭化米や石庖丁、脱穀具である竪杵《たてぎね》などから弥生時代が本格的な水稲耕作に立脚する文化であることや、最初に断片的な根拠から弥生時代を稲作農耕が一般化した時代と指摘した山内が鍬と考えた片刃石斧を、太形蛤刃石斧とともに木工具として組成することなどを論じた。

さらに、「弥生式文化人は海を越えてやって来た人々」であり、弥生前期は遠賀川式土器を指標とする

図22 ● **唐古遺跡での小林行雄**（右）**と**
藤森栄一（左）
藤森は長野からよびよせられて唐古遺跡の調査に加わり、小林はほとんど毎週京都大学から唐古に通った。

彌生式文化

明治十七年三月東京市本郷向ケ岡（彌生町）貝塚より發見せられたる一土器にもとづいて、彌生式土器といふ名稱が行はれることになつた。彌生式文化卽ち彌生式土器の文化である。

いつの頃よりかこの島國に移り住み、新石期時代文化としては他に比類を見ないとさへ言はれるほどの發達を見せた繩紋式文化が、いよ〳〵華やかな終幕の演奏にうつらうとする頃であつた。東亞の大陸に湧き昻まりつゝあつた文化の新なる動力は、つひに溢れ出て海を隔てたこの國土にも流れ入つて來たのである。金屬の知識と農耕の習俗と、そこに釀成せられる新しい秩序と、これらの上に輝かしくも稚き國家の體制は着々として組立てられて行つたのであつて、その間の物語は咏ずればまことに紀記神代卷一篇の詩篇ともなるであらう。考古學者の取扱はんとする彌生式文化なるものもまた、畢竟かうした流傳の姿にほかならないのである。

古來わが國の惠まれたる風土を愛した人は數限りなく、歌によみ、繪にうつして賞するはいふに及ばず、あらゆる日本的なるものゝ根元をもこゝに求めて理解しようとした試もしば〳〵あつたが、さうした見方からすれば、ありし日の彌生式文化人こそは誠に讃へらるべき人々であつた。それまでは、たゞ山幸海幸に榮ゆる島々として人々の生活を抱き守つて來たこの風土を、新しき眼もて開き廣め、打下す一鍬一鋤に豐葦原瑞穗國と呼ばむにもふさはしき國土を作り上げたのは將にこの人々であつた。これを新しき國土創成といはずして何と呼ぶべきか。

しかしながら、その彌生式文化人が何處なる祖の國より建國の大命をいだいてか、はたまた何の要あつてこの東海の島國に移り來たつたかは、今尋ぬべくもない謎である。否、果してその樣な人々が何處よりか移り來たつたものか、或はたゞ文化のみが、智惠のみが傳はり及んだものであるか、それをさへ考古學では一應疑つて見ねばならないのであるが、そのことの如何に關らず、彌生式文化の生育は現實の問題である。

彌生町貝塚發見土器

この土器は東京帝國大學の隣地向ケ岡（彌生町）貝塚から發見されたもので史學的に認識せられた最初の彌生式土器である。その發見は明治十七年三月のことゝ稱せられ明治二十七八年頃には一部の學者の間にこれによつて彌生式土器の命名が用ゐられ始めたらしい。

―― 214 ――

図 23 ● 小林行雄の論文「弥生式文化」の第 1 ページ

戦前の弥生文化研究の最高峰の論文で、弥生町の壺が巻頭を飾った。明治 27·28 年頃に弥生式土器の語が用いられはじめたらしいと記す。本文にも注目したい。

ように大陸からの新たな文化が急速に普及拡散し、中期にはそれが根づいて地方色が生まれ、後期にはふたたび新たな統合に向けた動きが出てくるとみる。また、大陸からまず磨製石器文化の波がやってきて、それに青銅器文化が重なり、ついで鉄器文化の波がかぶさるとして、「弥生式文化の特質は目的論的な表現をすれば石器文化を金属器文化（鉄器文化）に置換するためにもたらされた石器文化である」とも表現する。

そして、こうした弥生式文化とは、「東亜の大陸に湧き昂まりつゝあった文化の新なる動力は、つひに溢れ出でて海を隔てたこの国土にも流れ入って来たのである。金属の知識と農耕の習俗と、そこに醸成せられる新しい秩序と、これらの上に輝かしくも稚き国家の体制は着々として組立てられて行った」その姿であると説明する。

そこには、鳥居龍蔵にはじまり、濱田耕作や森本六爾に引き継がれた弥生式文化大陸起源説も、森本六爾が「磨かれた石器の文化の中で、書かれた歴史が受胎する」という観念も、ともに一体化している。戦前における弥生文化観の完成とみてよいであろう。

このように、蒔田鎗次郎の活躍が終わってからの弥生式土器の研究は、そのほとんどは西日本、とりわけ九州のち畿内での資料にもとづく議論が主役の座にあった。その間、弥生式土器研究がスタートした関東地方の研究は、細々と続けられてはいたものの、議論の流れを構成する状況とはならなかった。そうしたなかでは当然であろうが、向ヶ岡貝塚の「弥生式土器第１号」はほとんど取り上げられることがなかったのである。

第3章　迷走する地点論争

1　忘れられた向ヶ岡貝塚

坪井報告が指し示す出土地点

「弥生式土器第1号」が発見された地点は、現在特定できない状態にあり、諸氏によって五カ所の候補地があげられている（図24）。それは発見時の当事者である坪井正五郎と有坂鉊蔵の証言の曖昧さからくることは明らかである。

坪井が報告した向ヶ岡貝塚のスケッチ（図2）では、山高帽子をかぶった人物がステッキで地面を突いている様子が描かれている。地面には、人物周辺から左端までの崖際に点々が描かれ、右端から中央手前にかけてはそれがないから、貝殻が散る様子を表現したものであろう。人物の後方には草木が生い茂る高まりがみえる。

この一帯の地形図として、一八八三年（明治一六）五月に陸軍が測量した「東京府武蔵国本郷区本郷元富士町近傍」という縮尺五千分の一の図がある（図25）。現在、安田講堂の裏手にある弥生門の位置に当時すでに裏門が設けてあり、浅野地区工学部との間の住宅地は東京共同射的場であったことがわかる。

その射的場の北角から北へ二〇〇メートルほどの崖際に標高二〇メートルの等高線が横長の楕円を描く高まりがみえる。これは現在も弥生町二丁目一四番地一〇付近の高まりとして残っており、スケッチを手にして地点1付近からみるとまったく迷わずこの地点と納得できる（図3）。坪井は地点1で「弥生式土器第1号」がみつかったものとして報告しているのである。

有坂鉊蔵述懐のなぞ

それでもなお発見地点が曖昧になるのはなぜだろうか。それは、壺の発見者である有坂鉊蔵自身が一九二三年（大正一二）四月に人類学会でおこなった「日本考古学懐旧談」と題する講演で、「遺跡の正確な位置は解りません」と発言したからである。

講演では「向ヶ岡と云ふ場所は大学の裏門の道を距てた通りの向ひ側で根津の街を眼下に見る丘であるが今日では弥生町の街が建って遺跡の正確な位置は解りません。其頃弥生町と云ふ街は無かった。裏門の筋向ひには陸軍の射的場があって其の西北の方に貝塚が根津の裏の高い丘の上にあった」と述べている。

若かりし頃、自らみつけた一個の壺から弥生式土器の名が生まれたその思い出の地を、三九年後とはいえ忘れるであろうか。その間に一帯は住宅が増え、言問通りができたとはいえ、けっして広い範囲ではない。ましてやその間、工学部教授としてご当地東京帝国大学に勤務しているのである。

さらにのちの回顧談では、件の壺は、坪井・白井と向ヶ岡貝塚に出かける前に、すでに一人でみつけていた、と証言が変わる。そして「丁寧に荷造りをして宅に持ち還へり暫く独りで賞玩してゐました」（一九三五年）、あるいは「完全土器が口部を土上に現してゐたのを発見したから、喜んで其れを静かに引出して見

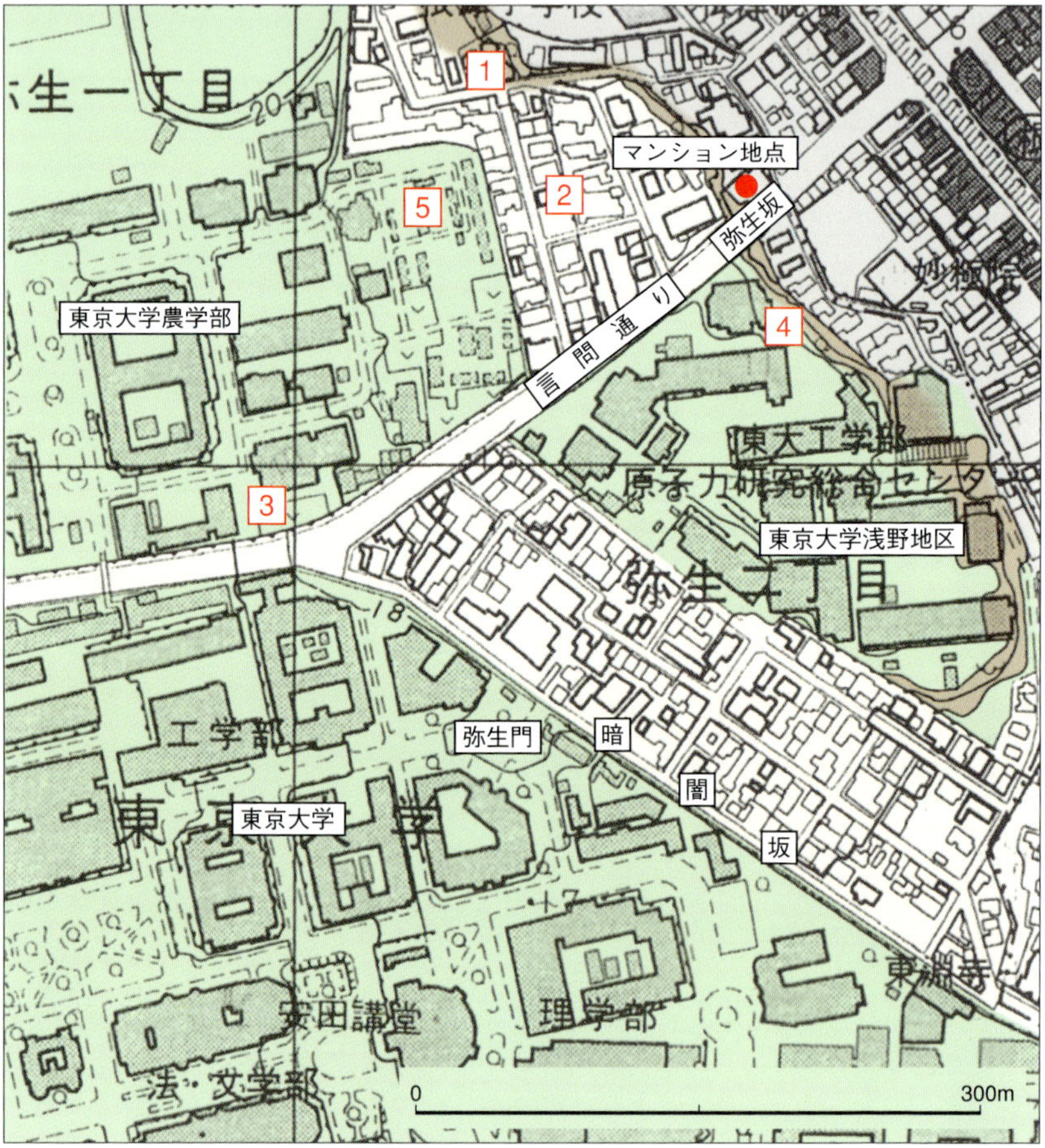

図24●「弥生式土器第1号」出土地とされる5つの地点
1：坪井正五郎・中山平次郎・太田博太郎・今村啓爾地点、2：江坂輝弥・杉原荘介地点、3：斎藤忠地点、4：佐藤達夫地点、5：原祐一地点

ると、殆ど完全な壺であった。私は余り嬉しかったから、石川千代松博士に鼻高々と見せた処、博士も其手柄を喜んでくれた」（一九三九年）と記す。

　ここからさまざまな推測が出てくる。しかし、こうした推測は可能ではあっても、それ以上ではないように思われる。私がもっとも気になるのは、有坂が一九三九年の記録で、「明治一七年、私が一七歳の時、私は今の本郷弥生町即ち向ヶ岡の高い丘上で貝塚を発見して、

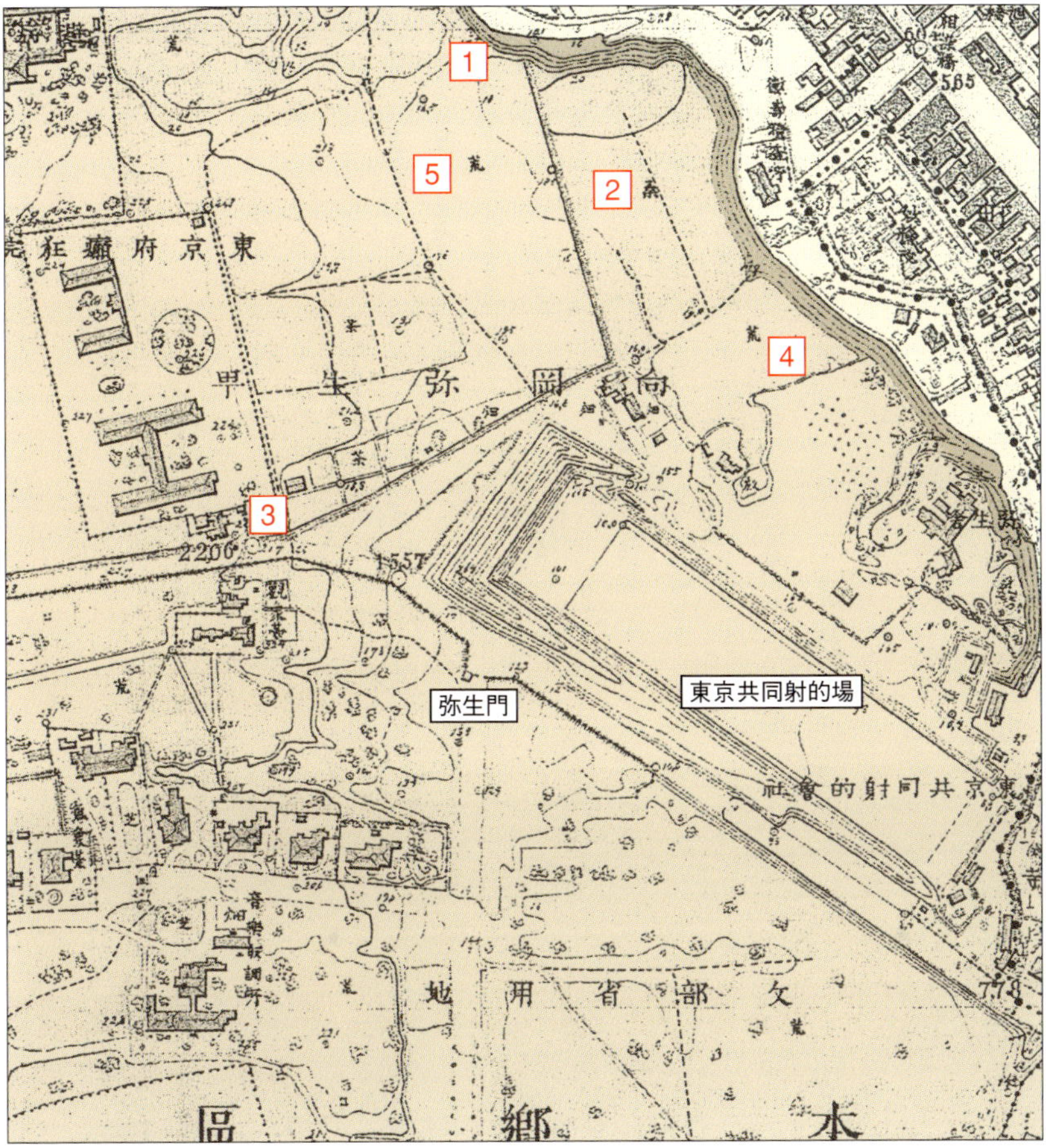

図 25 ● 当時の地形に落とした各地点
1883 年測量五千分の一地形図は、弥生町の壺発見当時、一帯がどのような状況であったかをよく教えてくれる。

数多の土石器を採集したが、其の土器の様式が、通常の貝塚土器とは異なるやうに思った」（傍点石川）と述べた箇所である。

　人類学教室が弥生式土器を認識しだすのは、本書の冒頭にのべたように、一八九二年（明治二五）の西ヶ原貝塚の調査で出土した縄文土器を坪井らが詳細に分類した際に、それらとは異なる一群の資料が抽出され、それが向ヶ岡貝塚の壺と同類と認識されたことが契機となったと考えるのがもっとも自然である。したがって、この発言は、少なくとも傍点部は後づけの説明である。

　また有坂の一九二三年の報告では、向ヶ岡貝塚で壺をみつける前年七月に上野新坂の貝塚で向ヶ岡貝塚と同類の土器を採集したことを甕破片一点の写真を示し、最初にみつかった遺跡を名称とするなら弥生式ではなく、新坂式土器となった可能性もあると説く。しかし、これもあ

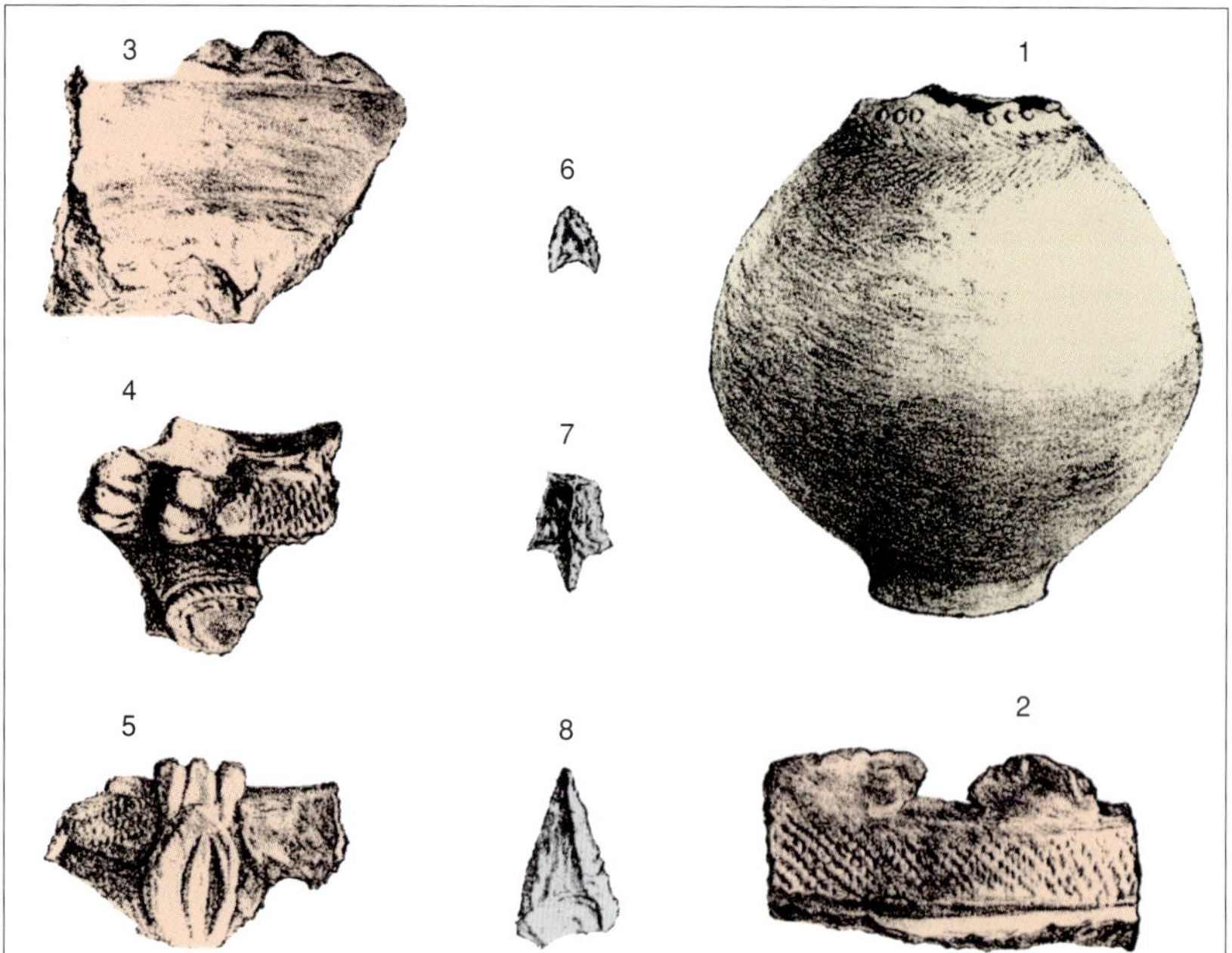

図 26 ●坪井正五郎の報告にみえる縄文土器・石鏃と「弥生式土器第 1 号」
実物を石版に写したため、左右が反転していることに注意が必要。

くまで後からの説明である。

これらは蒔田鎗次郎よりも後の発言であり、もし有坂の発言のこの二点を承認するならば、弥生式土器研究史の序章を全面的に書きあらためなければならなくなる。少し厳しい言い方かもしれないが、立証できる証拠が新たにあらわれないかぎり、同時代記録を優先し、やや具体性を欠くのちの回顧談はそれに準じる扱いをせざるをえない。

2　弥生町式土器の提唱

昭和初年の探求者・中山平次郎

この壺が発見された地点を、有坂の講演よりもはるか以前に探求していた人物がいる。弥生式土器金石併用時代説の提唱者・中山平次郎である。中山は、坪井報告を刊行直後に読んで、そのスケッチをたよりに向ヶ岡貝塚を探して考古学への関心を深めていったという。

「貝塚の痕跡は此一段低い部分の北端に近く、浅野邸高処北端の下、谷中天王寺の森を見晴らす崖ぎはに見出された。此の位置が今多くの先生に不明に

図 27 ● 中山平次郎
現在の東大農学部の地点にあった第一高等学校の予科に在籍していた折に、弥生町遺跡の探索をおこなった。

なって居るやうに聞くが、今ある学者町から降る小坂路の下方の辺、後に直ぐ其局部の北側に低部最初の建築として東大教師館の古物らしき洋風木造家が建てられていたといふならば、恐らく一部の方々には大凡御推定ができよう」と述べる。この「洋風木造家」とは、日本建築史の大家で地点1のはす向かいに住んでいたことのある太田博太郎によると、東京帝国大学理科学教授・田中館愛橘《たなかだてあいきつ》邸であり、地点1付近であるという。

　中山は、第一高等学校大学予科第三部学科を卒業して東京帝国大学医科大学医学科に入学する一九二九年（昭和四）まで、二、三〇回この地点を探訪し、坪井正五郎にもたずねて「有坂君が崖ぎはのところから掘出した」と教えられたという。そして若干の遺物を採集しており、図面で紹介している（図28）。

　この図はきわめて重要で、中央は縄文晩期前半の安行《あんぎょう》3b式土器、右も縄文後期後半から晩期中頃までの土製耳飾《どせいみみかざり》である。坪井報告にある土器片四点（図26参照）も安行2式・3a式であるから整合性がある。さらに、左は、中山が適切に判断しているように、弥生後期の壺の口縁部破片である。羽状縄文《うじょうじょうもん》が施された部位は内面、その上の拓本は口縁部端面で、下端に刻み目が施されている。現在の目でみれば、久ヶ原式の範疇であり、「弥生式土器第1号」とは型式は異なるものの、地点1で弥生後期土器が

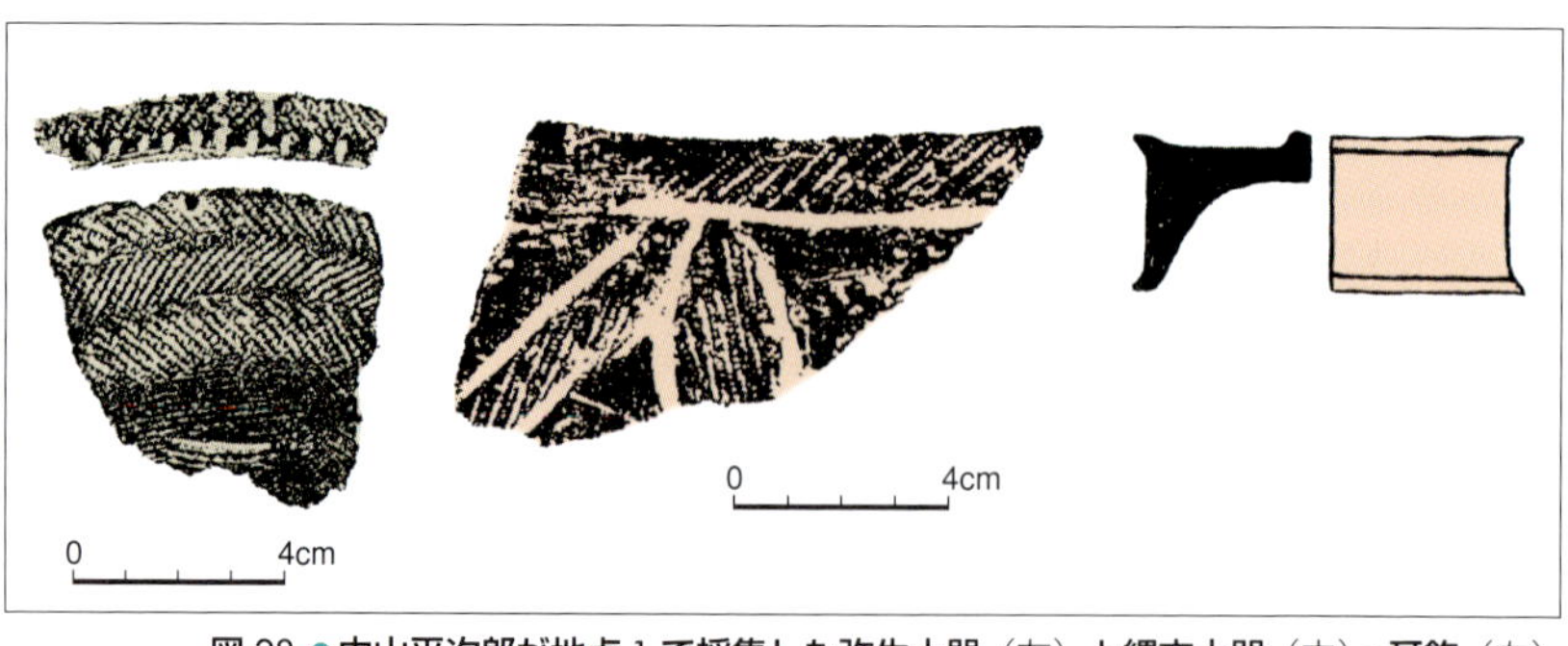

図28 ● **中山平次郎が地点1で採集した弥生土器**（左）**と縄文土器**（中）・**耳飾**（右）
弥生土器は壺の口縁部内面と端面、縄文土器は太い砲弾形土器の口縁部外面。
耳飾は記憶を図にしたものだという。

採集された事実は重みがある。

中山は福岡医科大学、のち同大が改組された九州帝国大学医学部で病理学講座を担当するかたわら、弥生式から古代にいたる考古学研究を推進し、今日の九州考古学の基礎をつくり上げた人物である。

江坂輝弥・杉原荘介の探求

この後、一九三八年（昭和一三）になって、江坂輝弥《てるや》が「弥生町貝塚を再発見して」を発表する。友人が勤める弥生町の日本作詞家協会小林愛雄《ちかお》邸（地点2、図24・25参照）で貝殻と土器片が散っていることを教えられて、酒詰《さかづめ》仲男・杉原荘介・白崎高保らと現地を確認して縄文後・晩期の安行1～3式土器を採集して、弥生町貝塚と判断したのである。

弥生式土器は見出せなかったが、この面々は山内清男の縄文式土器の編年観を信頼すべきものと考えており、坪井報告にみえる縄文式土器と対応する資料とし、しかも向ヶ岡貝塚は縄文時代に属する貝塚とみなして「弥生町貝塚の再発見」と判断する方法をとった。しかし、「有坂鉊蔵氏の弥生式土器を得られた地点とまったく同一地点である」とまで述べたのは、喜びのあまりの勇み足かもしれない。

同行した杉原は、江坂の判断を尊重したうえで、縄文貝塚を「向ヶ岡貝塚」、弥生時代遺跡として「弥生町遺跡」と呼び分けようと提案した。一九七〇年代になってもこの地点を弥生町遺跡とみなしており、私が明治大学で受講した講義では「あの日、ピアノの音が流れてきたのを今でも印象深く覚えている」と話していた。

関東の弥生式土器への注目

関東では、蒔田鎗次郎の活躍以後、弥生式土器がまとまって出土する事例も乏しく、したがって議論もほとんど発展することはなかった。わずかに、一九一六年（大正五）に柴田常恵《じょうえ》が小田原市谷津《やつ》遺跡（いわゆる小田原遺跡）の調査をおこなって、竪穴や石器とともに弥生式土器を見出し、西日本と同様、関東でも確実に弥生式土器に石器が伴うことを再確認していた。しかし、これも学会誌に報告されることがないままであった。

ようやく一九二〇年代後半になって、中根君郎・徳富武雄による東京都大田区久ヶ原遺跡の調査が進められ、逐次『考

図 29 ● 中根君郎が久ヶ原遺跡で発掘した土器群
これらの資料が南関東の弥生後期土器の標準とされ、その古い部分が久ヶ原式、新しい部分が弥生町式土器とよばれるようになった。

古学雑誌』に紹介されて注目を集めた（図29）。竪穴がつぎつぎに調査され、そこから壺・甕・高杯《たかつき》・鉢など多数の土器が出土した。当初、赤く彩色された壺や鉢と、粗雑な甕類を年代差とみようとしたが、調査の進展にしたがってひとつのまとまりを見出す方向に傾いていった。蒔田が報告した資料と比較すると、甕は無文でまったく異なり、壺も器形や装飾に違いがあったが、むしろ石器がほとんど伴わないことのほうに注意の目が向く状態であった。

ついで一九三〇年代に入ると、当初は縄文研究を志向していた杉原荘介が、市川市須和田《すわだ》遺跡の調査を契機として弥生式土器・土師器《はじき》研究を推進するようになる。千葉県茂原《もばら》市宮ノ台遺跡や小田原遺跡といった石器を伴う弥生式土器を追跡することによって、石器をほとんど伴わない久ヶ原式土器に先行する小田原式、のちの宮ノ台式の設定にいたる。こうして関東の弥生式土器の全容がかなりはっきりつかめるようになった。

小林行雄『弥生式土器聚成図録』

そして前章で紹介した小林行雄の登場である。小林は、一九二九年（昭和四）に神戸高等工業学校建築科に入学すると、考古学、とりわけ弥生式土器の研究に取り組むようになる。過去に発表された論文に目を通し、弥生式土器の実測図を集め、また自分で実測図を作成するという三つの計画を立てて実行する。

三つ目の目的のために、マコという実測用型取り器具を考案しての作戦遂行である。そして小林の言によると、「この手製の実測器を、晴れの舞台で使ったのは、昭和五年夏の上京の機会に、東京大学人類学教室に行って、弥生土器の実測をした時である。有名な弥生町出土の土器も、この時に図を作ることができた」(『考古学一路』)という(図30)。

さて、小林は、森本六爾を慕う東京考古学会会員である全国の若き考古学者の応援をえて、全国の弥生式土器の実測図の集成による体系化をすすめた。実測者が異なれば図もそれぞれ癖が出てくる。そのために小林が一人で墨入れ(トレース)をして調子を整える。そして、小林様式論にもとづいて分析し、完成させ、すでに亡くなっていた森本と連名で、一九三八年(昭和一三)一〇月一〇日に第一分冊を刊行する。

この『弥生式土器聚成図録』において小林は、久ヶ原遺跡出土の資料群と弥生町の壺と伴う一群とを截然《せつぜん》と区別するべきであるとして、おのおの久ヶ原式・弥生町式土器に二分した(図31)。蒔田が狭義の弥生式土器を認識してから四二年にしてようやく、弥生町出土の壺にちなむ土器型式(小林の場合は土器様式)がここに設定されたのである。

久ヶ原式と異なる弥生町式の特徴としてはつぎの点をあげた。壺は、胴部は下方で強く張り、

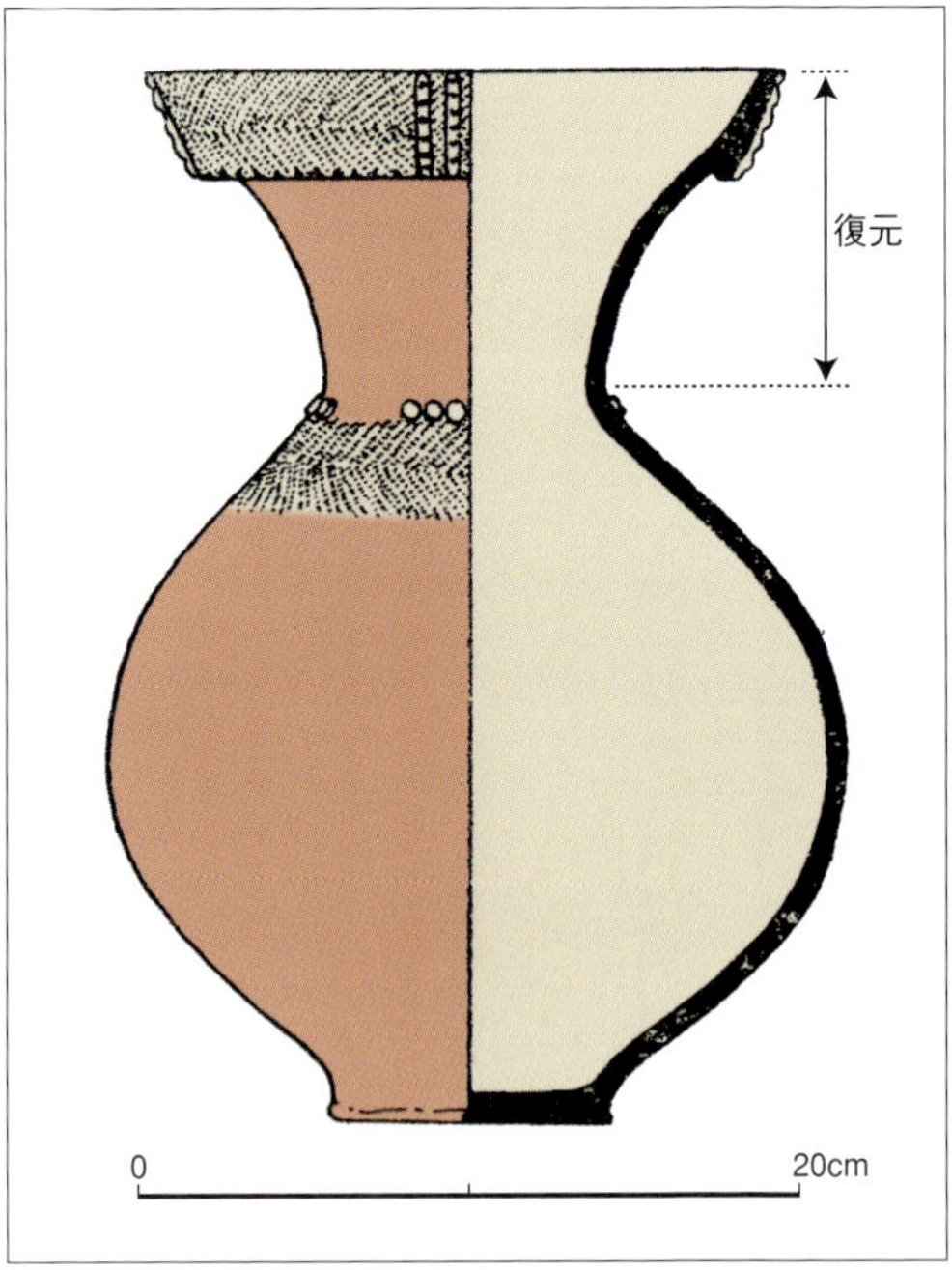

図30 ● 小林行雄による「弥生式土器第1号」の実測図
頸から上は、ほかの弥生町式土器をもとに復元したもの。

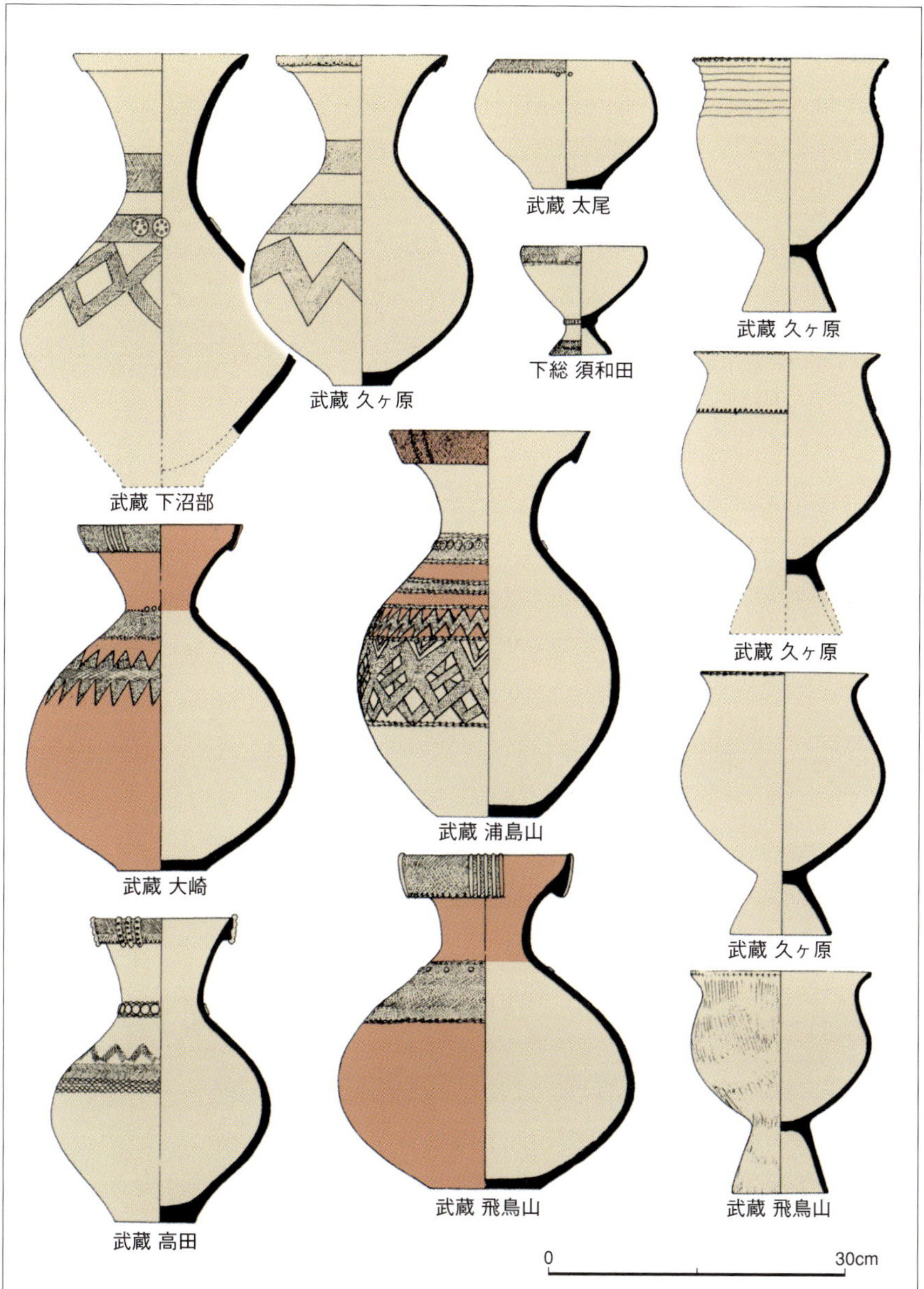

図 31 ● **小林行雄・森本六爾が区分した久ヶ原式と弥生町式土器**
中段の「武蔵　浦島山」「武蔵　大崎」を過渡的なものとし、
上を久ヶ原式、下を弥生町式土器とした。

頸部の屈曲が強い。口縁部が上に伸びて、外面に縄文地に棒状浮文を配す。文様の区画に沈線はないが、縄文帯に鋸歯《きょし》状の沈線を加えるものがある。円形浮文に刺突はない。甕は、輪積み痕をもつものは久ヶ原式とし、弥生町式は輪積み痕がなく、無文かハケメがある。高杯と鉢は久ヶ原式との分離が課題であるとのべる。

ついで杉原荘介も小林の見解を受け入れ、弥生町式土器という土器型式を再定義するが、壺からは沈線文様を除外するという違いがあった。そして杉原は、これ以後関東の弥生式土器研究を牽引してゆくことになる。

3 「弥生町」地名保存運動

戦後になってしばらく、弥生町遺跡はふたたび平穏の時をすごすことになる。わずかに、一九六三年に、斎藤忠が『日本の発掘』(東大新書)で、日本考古学史上の重要な発掘調査などを紹介するなかで弥生町遺跡も取り上げたくらいであろうか。

地点問題について斎藤は、地点3付近とする(図24・25参照)。その判断理由は定かではないが、「大学の北隣、即ち射的場の西の原」という記述にしたがったのかもしれない。しかし、坪井正五郎の「根津に臨んだ崖際」という説明とは整合しないほど、崖から離れている。

このように「弥生式土器第1号」の発見地がなかなか定まらないなかで、突如もっと大きな問題がもち上がった。一九六四年一二月九日、文京区が地点1・2を含む「弥生町二・三番地」一帯を「根津一丁目」に町名改正する旨を決定し、告示したのである。つまりこの地から「弥生町」の地名をなくす決定が下された。ここから太田博太郎と弥生町の住民による奮闘がはじまる。

太田は一九一二年（大正元）生まれで、前記のように地点1のはす向かいに住んでいた弥生町OBであり、東京帝国大学で建築史を学び、一九四三年（昭和一八）から東大で助教授・教授・名誉教授を歴任し、法隆寺・薬師寺の修復・復元や研究を先導した人物である。

まず弥生町住民が反対運動をはじめ、区に異議申し立てをしたが、却下された。そこで太田は『朝日ジャーナル』一九六五年三月九日号に「弥生町の名を残そう」と題する投書をし、歴史的地名を廃する不当性を訴えたところ、これに朝日新聞が応えて社会面や『アサヒグラフ』で取り上げたのである。こうしたなかで住民は町名改正反対の行政訴訟を起こした。太田はさらに『日本歴史』や『建築史研究』『古代文化』という専門誌でも、弥生式土器発見地に関する見解を発表し、それをもとにパンフレットを作成して広く社会に訴えかけるという活動を繰り広げた。

住民側は、区長や区議会に何度も働きかけ、根津との境の

図32 ● 町会の名前にのこされた「向ヶ岡弥生町」
弥生町住民と太田博太郎の活動によって「弥生町」の町名はのこることになった。住民の思いがこめられた名称である。

私道を区に寄付して区道にするなどまでして、ようやく一九六六年一〇月に弥生町二番地は弥生町二丁目として「弥生町」の名称が存続することになった。このときの太田と弥生町住民の努力がなければ、いま弥生町の地名はなかったのである（「向ヶ岡」の名は町会の名称として守り伝えられていることも付記しなければならない、図32）。

地点論争に関して太田は、坪井報告には「スケッチがついており、現場付近の地形を知るものがこれを見れば、はっきりとその地点を示しうるものであったが、現地の地形に不案内の人が、地図だけで推定した結果が混乱を生む基になった」とし、地点1をおいてほかには考えられないと断じている。

4　すわっ、再発見か？

東大七五年調査地点「弥生二丁目遺跡」

ところが、一九七五年になって、東京大学文学部の佐藤達夫教授が、向ヶ岡貝塚を発見したと発表した。発端はその前年にさかのぼる。

一九七四年春、文京区立根津小学校六年生の少年三人が、東京大学浅野地区（図24参照）で倒れた木の根元付近から土器片と貝殻を採集し、それを根津在住の考古学者・久保哲三にもち込む。そして久保がこの情報を東京大学の渡辺貞幸に伝えて考古学研究室の知るところとなった。そして現地を確認すると、縄文・弥生両時代の土器があり、所在が曖昧な向ヶ岡貝塚である可能性が考えられた。七五年になって、そこに高密度エネルギー実験棟が建設されることが判明し、急遽発掘調査がおこなわれることになったのである。

発掘調査は、二月から三月にかけて約一カ月、さらにその重要性から七月に一〇日間おこなわれた。その結果、コンクリートブロックやガラス片が混じる、東京大学がこの地を買収して以来の攪乱が地表下深く入っており、けっして遺構の残存状態は良好とはいえないものであった。しかし、ローム層にまで掘り込まれた二条の溝がみつかり、そのなかから小規模ながら貝層と弥生町式土器がみつかった（地点4、図33）。

東側の崖に沿うA溝は、底が平坦な、断面逆台形の溝で、B溝が埋没したあとにこれを切るように掘削された状態であった。溝内の三カ所で貝のブロックが少量みつかったが流れ込みかと思われ、土器も少なかった。一方、調査区の東側から西南方向に弧状にのびるB溝は、断面がV字形で、A溝と交わる北側では厚さ七〇センチにおよぶ貝層が確認され（図34）、灼骨も伴っており、近接して五個体分の弥生式土器が集中していた（図35）。

このように溝内から弥生町式土器を伴う貝塚がみつかったことから、調査を指揮した佐藤は、この地点を有坂鉊蔵が壺を発見した地点であり、B溝北端の攪乱は有坂の発掘区ではないか、とまで考えた。

佐藤の調査成果に立脚して、七五年調査地点を「向ヶ岡貝塚」として国の史跡に指定するべく手続きが進められ、指定はされたが、指定名称は、佐藤が主張した「向ヶ岡貝塚」ではなく「弥生二丁目遺跡」であった。それは「本遺跡は、弥生式土器と命名された土器の発見地であ

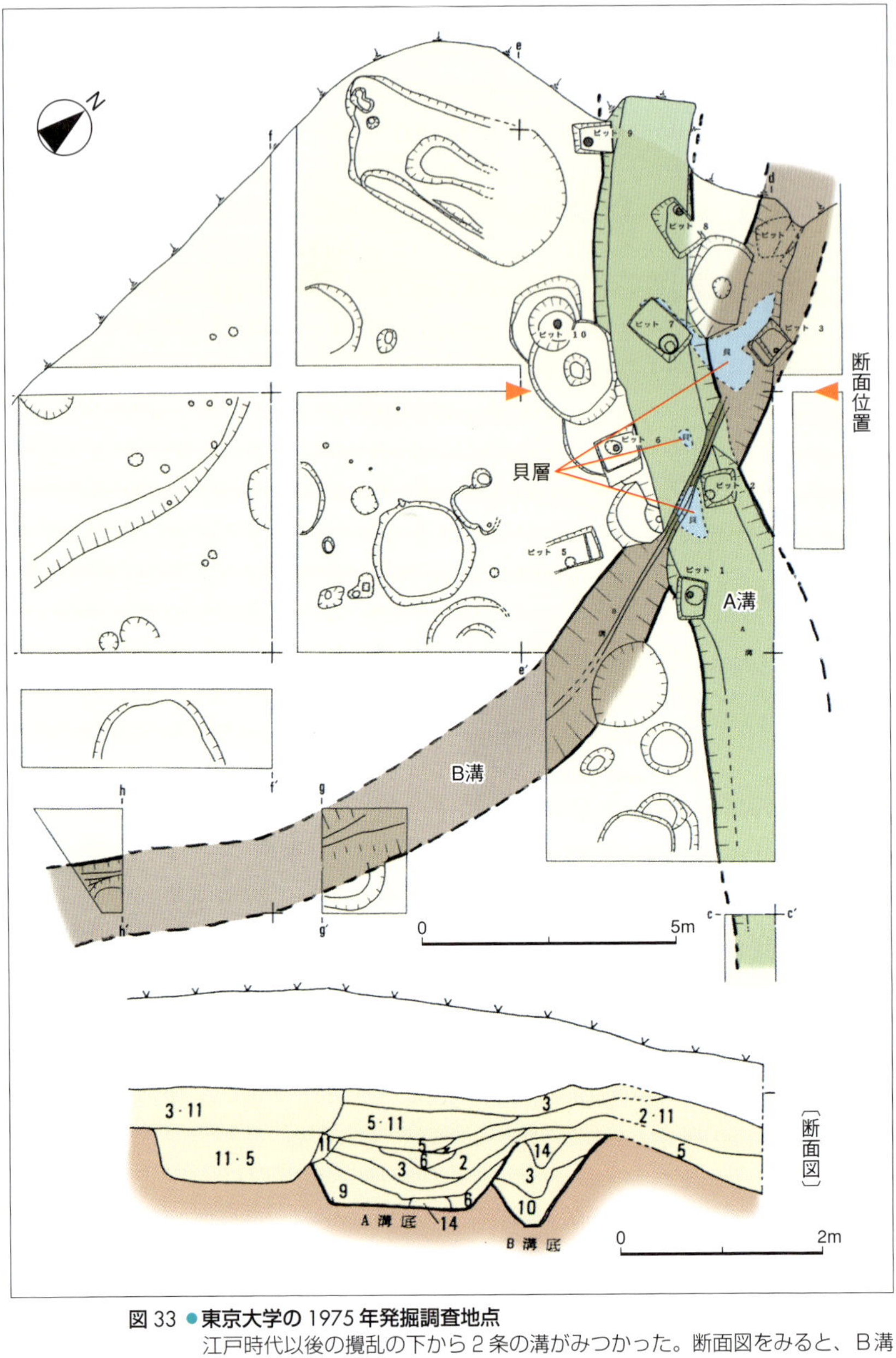

図 33 ●東京大学の 1975 年発掘調査地点
江戸時代以後の攪乱の下から２条の溝がみつかった。断面図をみると、B溝をA溝が切っており、A溝が新しいとわかる。B溝の 14 層とA溝から続く５層の関係をみると、A溝はずっと後世のものとみるべきであろう。

図 34 ● **75 年調査地点のＶ字形溝（Ｂ溝）とそのなかの貝層**
弥生時代の環濠はＶ字形をなす例が多い。上部はかなり破壊された
とみたほうがよい。溝内の貝層はまとまりが明確である。

図 35 ● **Ｂ溝内からみつかった弥生土器群**
溝がかなり埋没してから投棄されたことがわかる。

ると従来考えられてきた各地点とは若干の隔たりがあり、直接に関連する遺跡とは言いきれない。しかし、近接した同時期の遺跡として、またこの地域の旧観をしのばせる唯一の地点でもあり、加えて東京都心部における弥生時代の数少ない貝塚としてきわめて重要な遺跡である」（指定説明書）という理由による。それからまもなく、佐藤は病のために五一歳の生涯を閉じる。

今村啓爾の反論

佐藤は向ヶ岡貝塚と主張したが、調査メンバーのなかには異なる意見もあった。七五年調査地点の調査報告書『向ヶ岡貝塚』が刊行されてから一〇年経った一九八九年、今村啓爾《けいじ》は、佐藤見解を疑問とする意見を一般書『探訪弥生の遺跡』で活字にする。

佐藤見解を疑問とみる今村の根拠は、七五年調査区で出土した縄文土器の種類が坪井報告とは違

図36 ● 弥生二丁目遺跡の現況
工学部の建物群の裏手・東側の崖際にひっそりと存在する。
看板があってかろうじて国史跡とわかる。

図 37 ● 東大調査地点出土の土器
1884 年にみつかった土器と同種の壺もあるが、甕が多い（右上の壺：高さ約 26cm）。
右下は占い用の灼骨（天地約 9cm）。占った灼痕が表裏にみえる。

いがあること（図37）と、貝層を構成する貝種の違いにある。坪井報告で図示された土器も、またそれを含む東京大学総合資料館（当時）に所蔵される土器群をみると、そのほとんどは縄文後・晩期であるのに対して、七五年調査地点の縄文土器はその半数を前期のものが占めている。それに所蔵の縄文土器には貝塚特有の石灰分が付着しているから、向ヶ岡貝塚は縄文後・晩期の貝塚と考えられ、七五年調査貝塚とは齟齬がある。そして貝層の構成貝種は、坪井は「ししがひ」の肋条《ろくじょう》の数を一八〜二〇くらいとしておりハイガイが少なくなかったと考えられるにもかかわらず、七五年調査地点の貝層はほとんどマガキであった。

今村は、有坂講演の段階では七五年調査地点は浅野邸敷地になっているのであるから、もしこの地点がそうであるなら「今は浅野邸になりました」と言うはずであるという太田博太郎の見解を支持し、地点1の坪井スケッチ地点で問題ないとみる。

以上、「弥生式土器第1号」の出土地点をめぐる論争を追ってきたが、東大報告書『向ヶ岡貝塚』が刊行される頃から、新たな研究の進展のなかに地点論争は包摂されていくことになる。

第４章　地点から集落へ

1　地点論争への疑問

地形への注目

私も、弥生時代を学ぶ者の一人として、地点論争に無関心ではいられない。不真面目な話だが、一九八〇年代から九〇年代はじめにかけてお茶の水界隈で深夜まで杯を重ね、電車もなくなって何度もお茶の水から白山界隈まで歩いた。そしてしばしば不忍池から暗闇坂へ、あるいは根津から弥生坂をたどって向ヶ岡界隈に立ち寄り、酔いを醒ましながら徘徊し、この一帯の地形を知るようになった。

関東で弥生時代を学ぶ者としては遅きに失するほどに弥生町に立ち入るのは遅かった。もちろん明るい昼間にも根津神社周辺や向ヶ岡一帯の地形を観察した。その結果、地点1がもっとも説得力があると受け止めながらも、しかし、この遺跡がのる地形をみると、東大七五年調査地点をこれと切り離して考えるのは適切ではないと考えるようになった。

ここで、この一帯の地形を簡単にみておこう（図13参照）。現在の東京大学は、標高二二メートル内外の台地上にのっている。この台地は本郷台とよばれ、武蔵野台地の東端の一角を占める。東京国立博物館などがのる上野台との間に根津の谷が南北に走るが、これはかつて石神井《しゃくじい》川《がわ》が南に流れ下っていた際の流路がつくり出した谷筋である。

本郷台は東京大学付近ではやや起伏に富む地形となっている。西側からは現在の白山通り・西片《にしかた》交差点から東大農学部手前まで谷が深く入り、東側からは不忍池から入り込む暗闇坂の谷が途中から南に折れて三四郎池にまでのびる。その谷頭間はわずか三〇〇メートルに満たないほどに本郷台は東西から絞られている。

向ヶ岡は、その一角の東端に位置する。本郷台との間に南側から暗闇坂の谷、北側からも根津神社裏手から細い谷が入る。この南北からの谷が緩やかにつながるために、向ヶ岡が本郷台から切り離され、南北約四〇〇メートル、東西一〇〇メートル弱の細長い島のような形を呈している。七五年調査地点はそのちょうど真ん中付近の東縁に位置する。

集落への注目

さて、七五年調査地点の調査報告書『向ヶ岡貝塚』が刊行されたのは一九七九年である。ちょうどその頃、南関東の各地で弥生時代遺跡の調査が進み、弥生時代中期・後期の環濠集落が相次いで発掘され、また集落遺跡を単独で考えるのではなく、集落群、すなわち地域ととらえて分析していくという考えが一般化しつつあった。

向ヶ岡貝塚の壺がみつかったのが、よしんば地点1でなかったとしても、中山平次郎はこの地点で弥生後期の土器を採集しており、弥生時代遺跡の一角とみなしてよい。地点1から七五年調査地点までは約二五〇メートルであり、弥生後期であれば、規模のうえでは一つの遺跡とみなしてなんら問題はない。

壺出土地点論争を繰り返すよりも、弥生町遺跡を環濠集落として再評価することこそが重要なのではないか（図38）。七五年調査区で検出された溝は、調査報告書で渡辺貞幸が指摘した

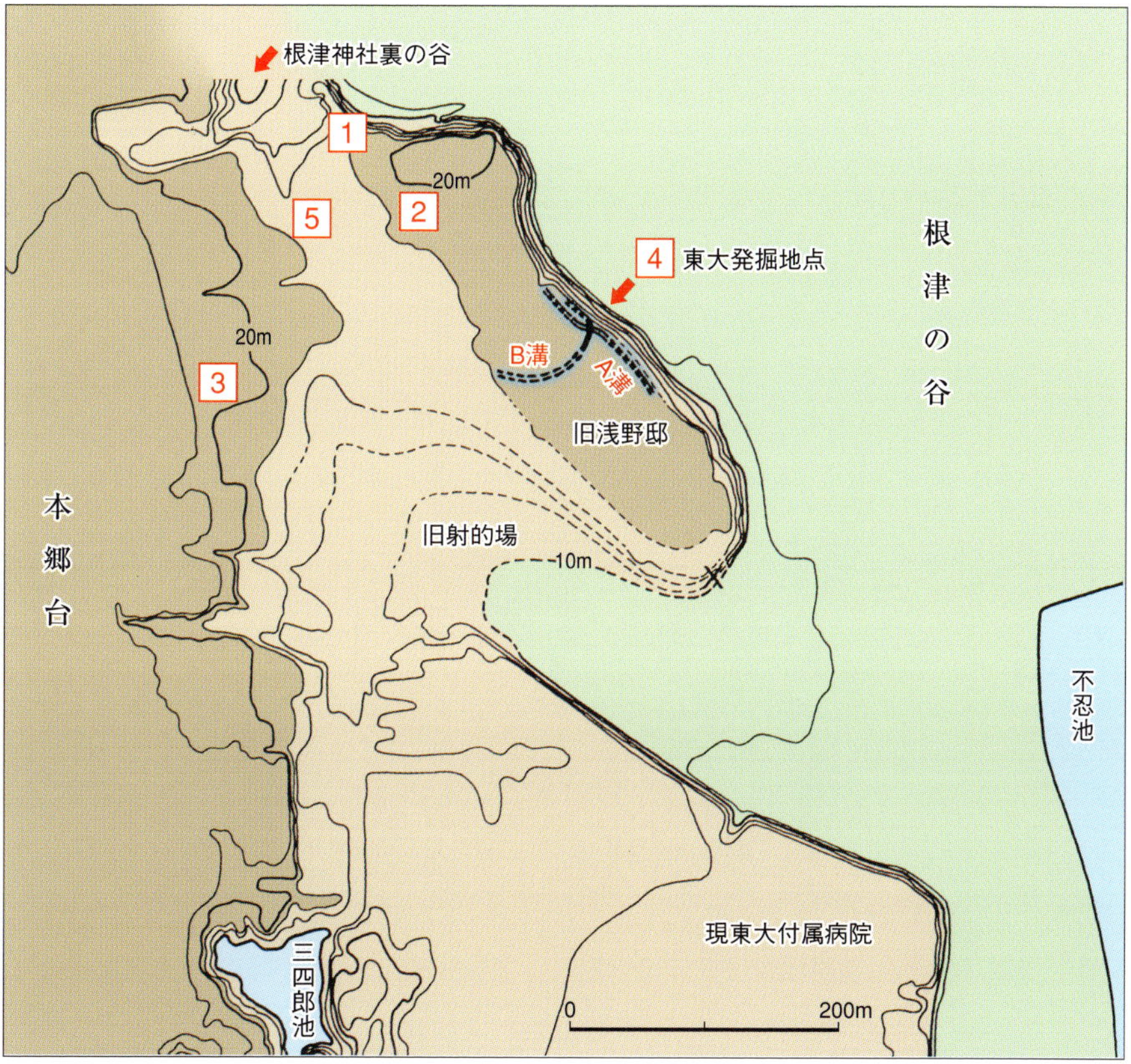

図 38 ● 弥生町遺跡付近の地形と各地点
等高線は 1883 年測量図から抜き出したもの。向ヶ岡が島状をなし、B 溝がその地形を半分にたち切っていることがわかる。

ように、集落をめぐる環濠と考えられる。さらに、根津の谷の周辺には弥生時代中期後半から後期、さらに古墳時代前期にいたる遺跡が群在することをも考え合わせて、向ヶ岡の弥生町遺跡を理解することが必要なのである。

東大七五年調査地点の再評価

東京大学埋蔵文化財調査室で東大構内の調査に従事した篠原(鮫島)和大《かずひろ》は、向ヶ岡一帯を含む遺跡群を綿密に調べ、一九九四年につぎのように記した。

「東京大学によって調査された断面V字形の溝が集落をとりまく環濠であるならば、調査地点の北西側に展開する集落をとりまいていたものと考えられる。つまり、調査地点は環濠の南東コーナー部分に相当すると考えられ、環濠集落はさらに崖線に沿って言問通りの方へ伸び、(また調査地点から—石川補記)西へ湾曲して旧射的場の谷の方へ向かい、小台地上を南走、東走して一周していたものであろう。調査地点で環濠内への貝や土器の廃棄がみられたということは、集落をとりまく環濠の各所に、転々と同様の廃棄が行われた可能性は高い。有坂氏の発見した壺は口縁を除いてほぼ完形であるから、弥生時代に廃棄された後に、原位置を動いた可能性は少ない。つまり、有坂氏の発見地点は集落をとりまく環濠のどこかであり、東京大学調査地点であった可能性も高い」。

篠原は、地点問題について佐藤達夫見解に十分配慮した記述をしながら、七五年調査地点の溝二条のうち、崖線に沿うA溝は後世の溝とみなし、弧状にのびるB溝だけを弥生時代環濠と認めるという踏み込んだ判断をする。そして、Ｂ溝による環濠集落について「Ｂ溝は南東コーナーの部分が確定しているが、西側の低い部分を避けながら崖よりの一段高い部分のほぼ中央を占める隅丸長方形の形態をとれば、一万平方メートル前後の規模が考えられようか。また赤羽台例程度の規模（約二万平方メートル）をあてはめるなら、この高所のかなり北の部分まで達する可能性も考えられる」と復元する（図39・40）。

そして、弥生町遺跡から北方へ約六〇〇メートル、同じ本郷台の東縁に位置する千駄木《せんだぎ》遺跡で竪穴住居跡と方形周溝墓《ほうけいしゅうこうぼ》がみつかっており、出土土器は七五年調査地点

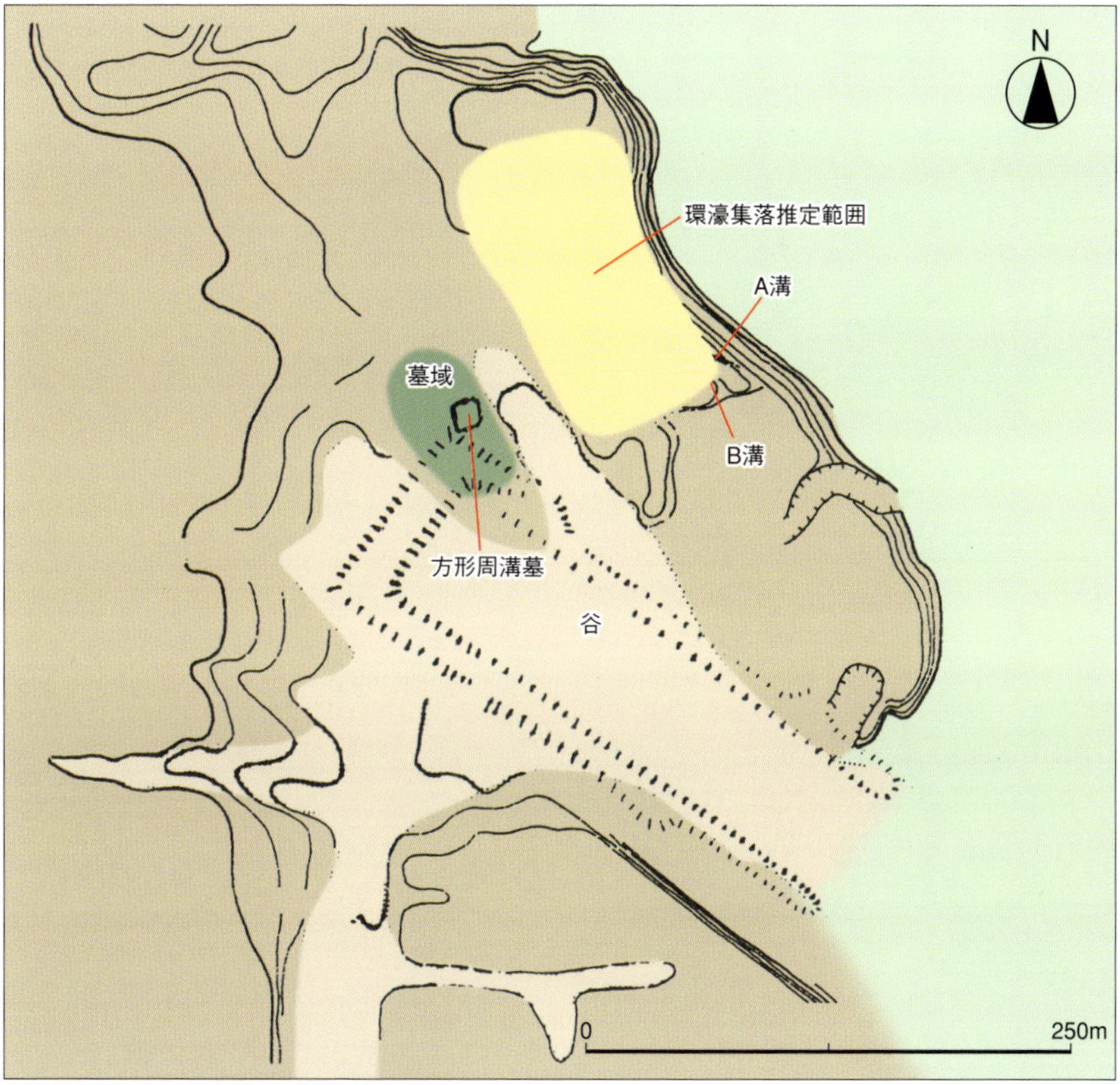

図39 ● 篠原和大による弥生町集落の復元
向ヶ岡の北半分を環濠集落と考え、浅い谷を隔てて西側に墓域が設けられると復元した。

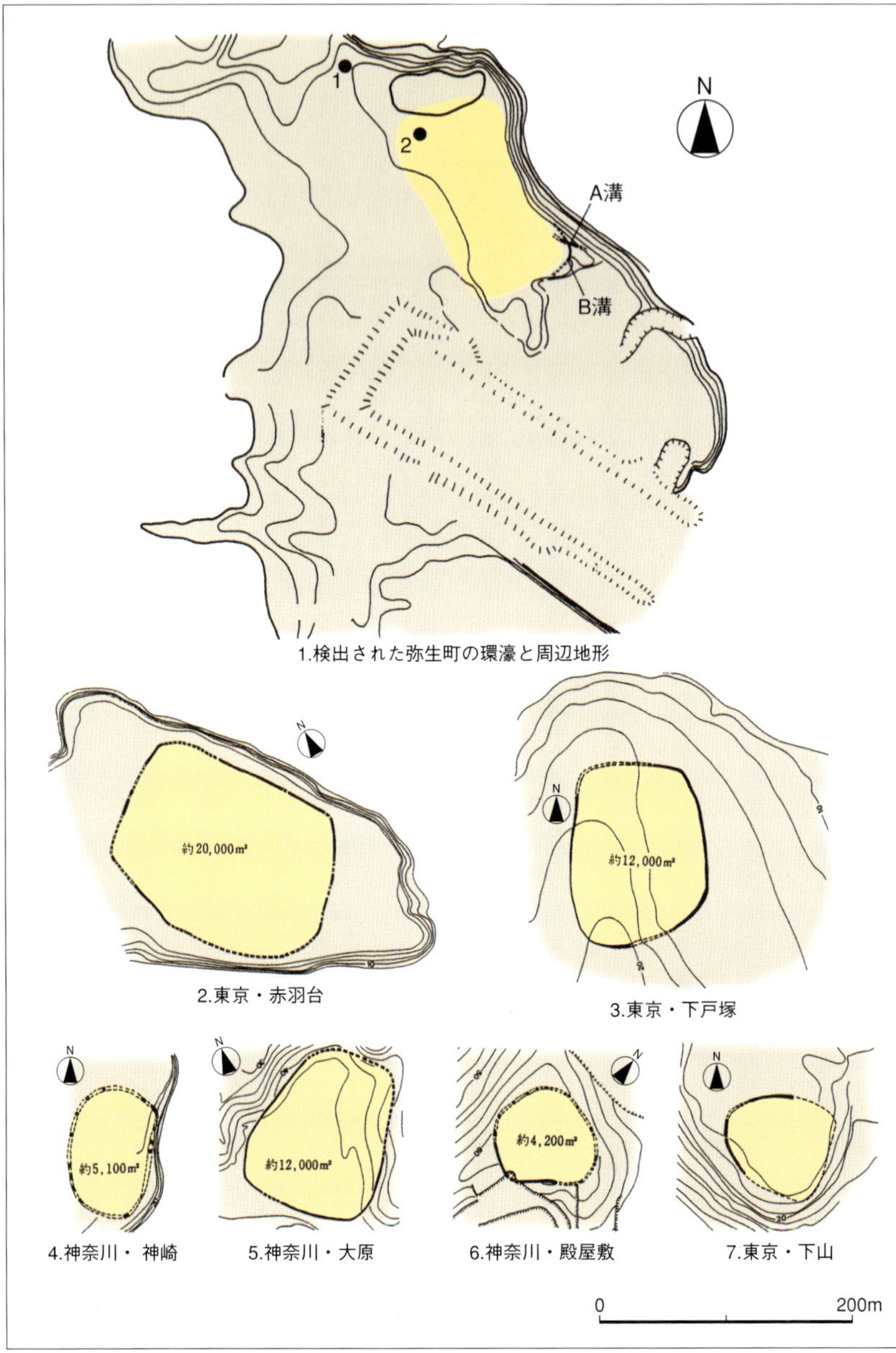

図40 ● 篠原和大による弥生後期環濠集落の規模比較
弥生町遺跡が、南関東の弥生後期環濠集落のなかで、標準規模以上であることがよくわかる。

よりも新しい特徴をもつことから「弥生町の環濠集落成立後、ここから拡散した集落であった可能性」を考える。七五年調査地点の成果を再評価したうえで、地点論争から集落遺跡として、さらに集落群としての議論に転換する必要があると説いたのである。

2　集落としての具体化

方形周溝墓からなる墓域の発見

こうした議論がはじまる前夜の一九八〇年代から、東京大学ではキャンパスの再開発に伴って埋蔵文化財の調査に万全を期す体制を構築し、建物の新築や建て替えに先立って発掘調査を進めるようになっていた。そして、一九九五年から工学部の一角を占める浅野地区で発掘調査が相次いでおこなわれるようになり、しだいに弥生町遺跡の内容が鮮明になっていく。

まず、一九九五年から九六年にかけて全径間風洞実験室新築地点で、弥生後期の壺を伴う方形周溝墓一基がみつかった。

九六年には、その東側にある工学部9号館の南西端の調査で、浅い谷地形が南からのびていることがわかり、七五年調査地点と方形周溝墓地点が地形的に分離されること、および七五年調査地点のB溝はその谷地形の東側をめぐるであろうことが理解できるという重要な成果となった（図39参照）。また、七五年調査地点から南南東一〇〇メートルあまりのタンデム建設地点では古墳前期の遺物がみつかり、七五年にこの丘の最南端の崖が削られた際にも古墳前期の甕などが採集されたことを合せ考えると、弥生町遺跡は少なくとも南半部では古墳前期まで集落が存続することが明らかとなった。

さらに二〇〇一年度には、九五年地点の東南約七〇メートルの武田先端知ビル地点でも方形周溝墓二基が発掘され（図41）、周溝内から弥生町式の壺（図42）、埋葬施設である主体部からガラス小玉二四点・赤色石製管玉四点が検出された（図43）。これにより、環濠集落の西側に浅い谷をはさんで方形周溝墓群からなる墓域が広がることが明らかとなり、当然のこと、遺跡の北側への広がりに関心がもたれることになった。

図 41 ● 弥生町でみつかった方形周溝墓
2001 年度調査地点では方形周溝墓がみごとに検出され、周溝内から弥生町式土器がみつかった。

向ヶ岡弥生町遺跡の実態

一方、弥生町遺跡が広がる向ヶ岡の丘陵をほぼ横断する言問通りの北側は住宅地となっており、近年住宅の建て替え工事などで立会い調査はおこなわれるものの、大きな成果は上がって

図 42 ● **周溝内からみつかった弥生町式の壺**
口縁部までのこる美しい弥生町式土器で、1884 年の壺よりも縄文は細かく、4 個一組の円形浮文が羽状縄文の上につけられる。口縁部は典型的な弥生町式の特徴を備える。

いない。しかし、言問通り弥生坂の北側・崖直下にあたるマンション建設地点（図24参照）の出土遺物は興味深い。

調査で検出された遺構は江戸後期から明治期にかけてのものと思われるが、その時期の遺物に混じって、少ないながらも縄文土器と弥生土器・土師器の破片が出土したのである。これらは、その出土位置からみて、崖上の遺跡に由来する可能性が高い。そして、縄文土器は縄文早期の撚糸文土器以後各時期のものがみられるが、加曽利《かそり》B式・安行1式・3a・3c式がまとまっており、坪井報告や江坂報告とおおむね対応する。

したがって、縄文時代後・晩期の遺跡としては、坪井地点から江坂地点だけでなく言問通りまでも伸び、さらに七五年調査地点にまでおよぶかなりの規模をもつことがわかる。また、弥生土器・土師器は、弥生後期後半の弥生町式から古墳前期におよぶものと古墳後期と思われる資料であり、七五年調査地点の環濠集落から推定される環濠集落の範囲が当然このマンション地点の崖上にもおよんでいることを想定して誤りがないことを示す点で重要である。

これらの東大キャンパス内とその北側の住宅地の調査から、調査範囲は部分的であるとしても、向ヶ岡弥生町遺跡の実態をかなり復元できるまでになってきた。一時は住宅地や東大の建

図43 ● 方形周溝墓の主体部からみつかったガラス小玉と赤色石製管玉

物建設などの開発によって、その姿を消しつつある、あるいは消滅したのではないかという見方もあったが、入念な調査を積み重ねることで、まだまだ実態に迫りうることが明らかになった点は、ことさら重要である。

今後もこうした調査が継続される必要があるが、とりわけ言問通り北側一帯の住宅地の再開発には入念な調査の視点をもたなければならないであろう。後世の攪乱が広範囲かつ深くにまでおよぶために、住居などの遺構が残存する可能性は高くはないであろう。しかし幸いにして環濠集落であり、部分的にであれ環濠の底部がかろうじて残っている可能性がある。そのことを十二分に意識した対応が望まれる。

さらに篠原に続いて、同じく東京大学埋蔵文化財調査室に所属して構内遺跡の調査に継続して携わる原祐一は、その調査成果にもとづいて、ふたたび弥生町遺跡の地点論争に取り組んでいる。江戸時代から明治時代までのこの一帯の土地利用の変化を詳細に検討し、しかも明治時代の地形図と調査で検出した当時の溝や建物の基礎を照合し、なおかつ不忍池を望める地点をしぼるという新たな手法で、出土地点は地点１の南方、農学部校内の東寄りの一角のあたりにかなり絞り込む（図24・25の地点5参照）。

原の指摘は評価できるが、向ヶ岡弥生町遺跡を「弥生式土器第１号」発見地点や貝塚に限定するのではなく、集落遺跡として押さえることがいっそう重要なことであろう。その場合、東大七五年調査地点も、坪井・中山・太田・今村地点も、そして有坂地点がもし坪井地点と異なるとしてもおそらくはそれもみな、一つの集落遺跡のなかに入ることになるのである。

第5章　弥生町遺跡の時代

1　弥生式土器から弥生土器へ

佐原真の提言

「弥生式土器」の名称を最初に活字にした蒔田鎗次郎が、「弥生式土器」の名称を広義・狭義、ふたつの意味で用いたことは第2章で述べた。そのうち広義の意味が「弥生式土器」の語であらわされ、やがて「弥生時代」の語もここから生まれた。弥生式土器が使われた時代が「弥生式土器時代」であり、これを略して「弥生式時代」、さらに略して「弥生時代」と表記するようになったのである。

それは縄文時代も同様で、本来は縄文式土器が使われた時代の略称であった。杉原荘介の場合は、考古学では土器をもって時代区分すべきだという考えから、土師器さえ「式」をつけて「土師式土器」とよんだほどである。しかし、現在、「弥生式土器」という語はほとんど使われなくなっている。しかも意図的に「式」の一文字が削除されている。

そのきっかけは、一九七五年に刊行された『岩波講座　日本歴史1』に佐原真が執筆した「農業の開始と階級社会の形成」という論文にある。そこで佐原はつぎのように提唱した。「式」の語は「縄文式土器」や「弥生式土器」という場合と、それぞれを地域別・時期別に細分した際の「加曾利B式土器」や「畿内第Ⅰ様式土器」という二通りに用いられている。しかし、縄文式土器と弥生式土器、および土師器を明確に区分することは難しいので、縄文・弥生・古墳時代の一連の酸化焰焼成土器をそれぞれ縄文土器・弥生土器・土師器とよび、「式」は土器型式（様式）にだけ付すことにしよう。そして、弥生時代を「日本で食糧生産を基礎とする生活が開始された時代」と定義し、「弥生時代の土器を弥生土器」とよぼう、と。

弥生時代と古墳時代の区分

この提言には、それに先立つ伏線となる議論があった。それは弥生式土器と土師器とを厳然と区別しえるであろうか、という問いである。

そもそも土師器という名称は、『延喜式《えんぎしき》』の記事によったものである。また、『日本書紀』で宮

図 44 ● 庄内式土器
甕で、シャープで直線的な口縁部と尖り気味の底部、胴上部の細かい平行タタキ目が特徴である。大阪府高槻市安満遺跡出土。

廷の食器をつくる部民を「贄土師部」とよんだことにも通じる語で、戦前のみならず戦後になっても土師器は土師部によって製作されたものだという考えがのこっていた。

ところが、畿内で弥生式土器と土師器をつなぐ型式（様式）として「庄内式土器」（図44）が提唱され、その内容が明らかになると、畿内の後期弥生式土器から最古の土師器である庄内式への変化が漸移的であり、古墳の出現という政治的な側面での画期と、土器など手工業生産の転換とは一致しないとして、古墳時代の土器をもって土師器とみなす考えがでてきた。それは当然、弥生式土器は古墳時代以前、すなわち弥生時代の土器を指す語であることも意味していた。

縄文時代から弥生時代への土器

一方、縄文式土器、そして北部九州におけるその最後の土器型式である夜臼《ゆうす》式土器（図45）と、弥生式土器、そしてその最古の土器型式である板付《いたづけ》Ⅰ式土器は明確に区別できることから、弥生式土器の名称は用いられつづけた。

ところが、一九七八年になって、福岡市板付遺跡の調査で、板付Ⅰ式土器を伴う水田跡の下層から夜臼式土器のみを伴う灌漑水田跡がみつかって、土器の違いと時代の画期の関係の問題が急浮上した。

板付遺跡の夜臼期水田は縄文時代晩期後半の水田跡とみるべきだ、いや、本格的な稲作が実施されていることが明らかだから、弥生時代のはじまりを従来よりもさかのぼらせて、夜臼期を弥生早期とみなすべきだ、というふたつの見解が出され、激しい議論が繰り広げられた。

後者の考えの主唱者が佐原で、弥生時代を「日本で食糧生産を基礎とする生活が開始された時代」と定義したことからすれば当然の判断であった。

ただし、考古学というのはなんと厄介な学問であろうか。その後、蓄積された北部九州の夜臼式土器やそれに先行する土器群の研究成果によると、北部九州では縄文晩期土器から弥生前期土器への変化はかなり連続的で、そのなかで夜臼式土器の成立が、土器のかたちを作り上げる際の粘土紐積み上げ技法や、壺形土器が一定の組成率を占めること、煮沸用土器の容量組成などの点で明確な画期をなしていることが明らかになりつつある。

そうしたことから、もう一度「弥生式土器」の語を用いるべきだという安藤広道のような主張も登場している。

図 45 ● 夜臼式土器
甕は縄文土器以来の特徴だが、壺は縄文土器には希薄で、このように赤彩された見事な大形壺の特徴は弥生前期土器に継承される。福岡県新町遺跡。

2　弥生町の壺をめぐる論争

弥生町式土器の定義

一方、蒔田鎗次郎の狭義の「弥生式土器」は、その後、小林行雄によって「弥生町式土器」と再定義されたことは第3章で述べたとおりである。

小林は、南関東地方の弥生後期の土器型式として、久ヶ原式→弥生町式、という編年を提唱した。杉原荘介もこれに続き、さらに後期末に「前野町式」を設定して、久ヶ原式→弥生町式→前野町式、という編年を組み、戦後の関東での議論を牽引していった。

杉原の弥生町式土器は、小林の見解と、その過渡的な一群の扱いに微妙な違いがあり、のちに厳しい批判を受けることになったが、杉原の判断（図46）は、壺で沈線を用いる文様は弥生町式から排除するという単純明解な区分によるものであった。もちろん、杉原説に批判的な見解として、菊池義次が弥生後期土器を久ヶ原Ⅰ・Ⅱ・Ⅲ式、弥生町Ⅰ・Ⅱ・Ⅲ式、円乗院式の七型式に細分する意見を提示したが、小林・杉原説が広く支持されたといってよい。

ところが、一九七〇年代後半になると、それまで前後の関係として考えられてきた久ヶ原式と弥生町式土器が、地域を異にして分布する併行型式ではないか、という見解が続出する。おりしも開発に伴う発掘調査が急増し、南関東各地で弥生後期土器の出土例が増えてきて、資料的条件がかつてとは比較にならないほどになっていた。

すると、久ヶ原式土器は、大田区久ヶ原遺跡を標式とするにもかかわらず、東京湾西岸で出土することはきわめてまれであることが知られるようになり、久ヶ原式は東京湾東岸から一部西岸の多摩川下流域にかけて分布する土器型式とみる意見が出てきたのである。もちろん従来どおり、両型式は基本的には前後の関係で編年されるもので、久ヶ原式の資料が東京湾西岸で少ない点は事実として認めるべきだという反論もあって、一九八〇年代をとおして議論され、後者の考え方が支持されるようになった。

「弥生式土器第1号」はいつ頃の土器？

さらに、その過程で弥生町の壺の位置づけも流動することになる。弥生町の壺「弥生式土器第1号」が弥生町式土器の基準であれば、その位置づけが揺れ動くのは困る、というよりも議論自体が混乱しているといわねばならない。しかし、弥生町式土器が設定される経

図46●久ヶ原式土器（左）と弥生町式土器（右）
久ヶ原式は沈線で区画された幾何学的な文様が特徴的で、弥生町式は繊細な縄文が幅広い帯をなす。左の口頸部は石膏復元。
左：横浜市二ツ池遺跡、右：東京都成増出土。

過を確認してみると、そもそも蒔田鎗次郎も狭義の弥生式土器を認識する基準としたのは、駒込の蒔田邸と田端村道灌山の資料群が基準であって、弥生町の壺はその同類とみなされたのであった。

また、一九二〇年代後半の中根君郎・徳富武雄による久ヶ原遺跡の調査資料（図29参照）を杉原が久ヶ原式前期・後期に二分し、それを小林が久ヶ原式と弥生町式とよびあらためたのであり、弥生町の壺は記念碑的に用いられたのである。

しかし、一九八四年、すなわち弥生町の壺が発見されたちょうど一〇〇年後に発表された笹森紀己子の論文「久ヶ原式から弥生町式へ」（図47）は、弥生町の壺が型式認定の基準ではなかったことを述べたうえで、弥生町の壺を前野町式以降に位置づけた。

前野町式土器とは、杉原が設定した型式であるが、小林は一九五九年の『図解考古学辞典』以来古墳時代初頭の土器型式と扱っており、南関東の弥生後期土器を再吟味した大村直も庄内式併行の土器型式とみなしている。したがって、庄内式を土師器とみる立場に立てば、弥生町の壺、すなわち「弥生式土器第1号」は古墳時代の土器になってしまうのである。

「弥生式土器第1号」は東海地方の系譜？

弥生町の壺についてはもうひとつ、篠原和大によって刺戟的な見解が出される。篠原は、この壺の成形技術・底部形態・縄文施文法・円形浮文に注目する（図48）。この壺の内面には胴部中央よりやや下の位置に、粘土紐を積み上げる作業にひと区切りつける際にできる盛り上が

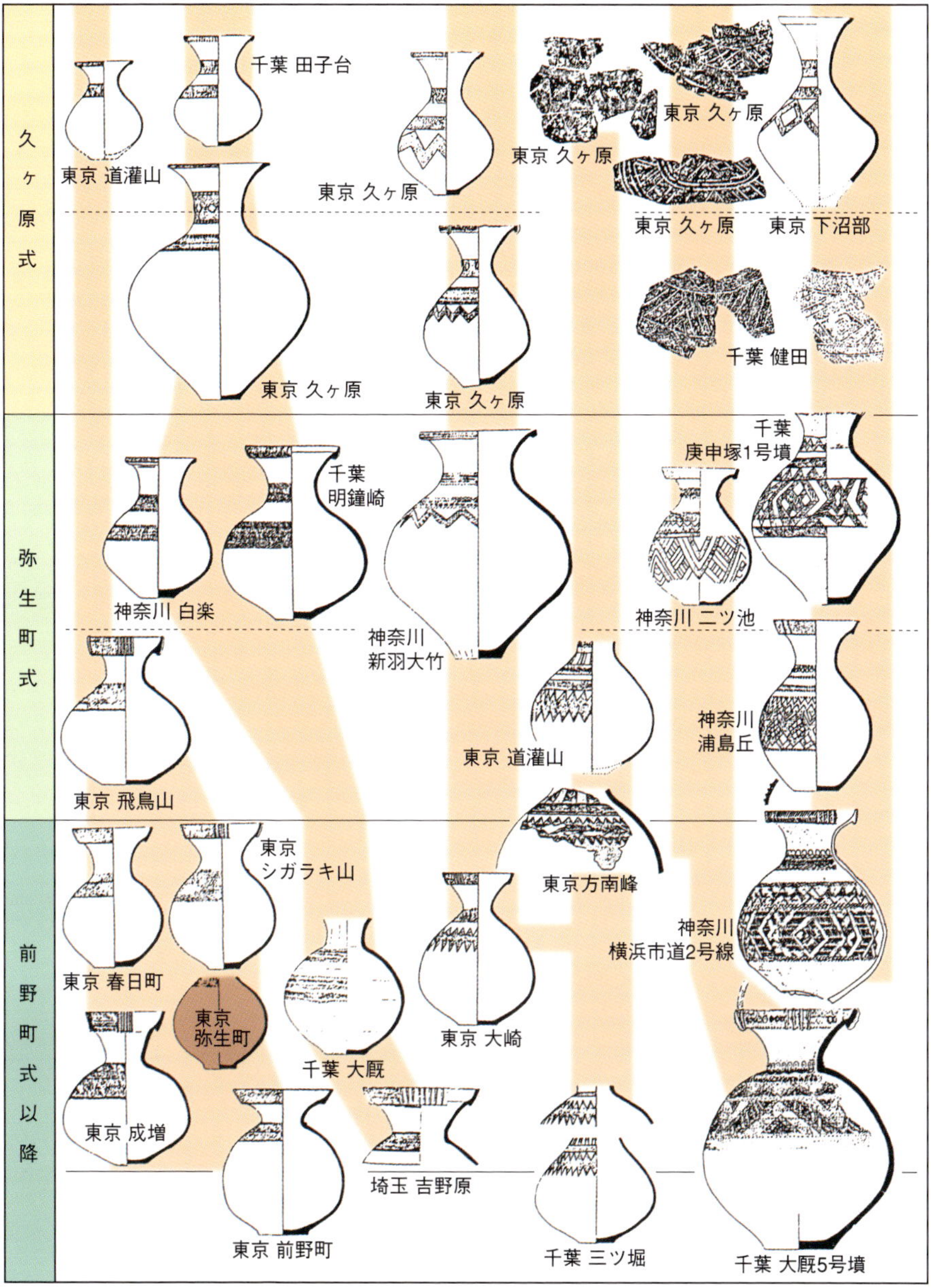

図47 ● 笹森紀己子の弥生後期土器編年
弥生町の壺が前野町式以降に編年された。前野町式は畿内の庄内式併行であり、古墳時代と考える意見もあるから、弥生町の壺が土師器になってしまう。

りがみられ（図中の▲矢印）、胴部外面は球形をなすが、これに対応する部位にかすかに稜のような高まりがみられる。

また、肩の内面には、粘土紐の接合痕がナデなどで消されずに残る（図中の△矢印）。底部は外面が外側にはみ出す特徴がある。肩に施される縄文（図49）は、こよりを二回撚り合せた状態の「単節ＬＲ縄文」の閉じた側を上にして横回転施文し、さらにその下に重なるように「単節ＲＬ縄文」を転がし、その下端は縄がほどけないように、縄の条の一方を絡め結んだ跡が淡くＳ字状になっている。縄文は走向が異なる原体を上下に重ねて横羽状とし、そのすぐ上に三個ひと組の円形浮文が一周六カ所配置される。

篠原は、これらの特徴は南関東に本来的なものではなく、静岡県域の弥生後期土器に顕著なものであり、その影響を考えるべきだと主張したのである。もちろん、円形浮文が縄文帯の中ではなく上方にある点など、静岡方面とは異なる点もあることから、搬入品とみるわけではな

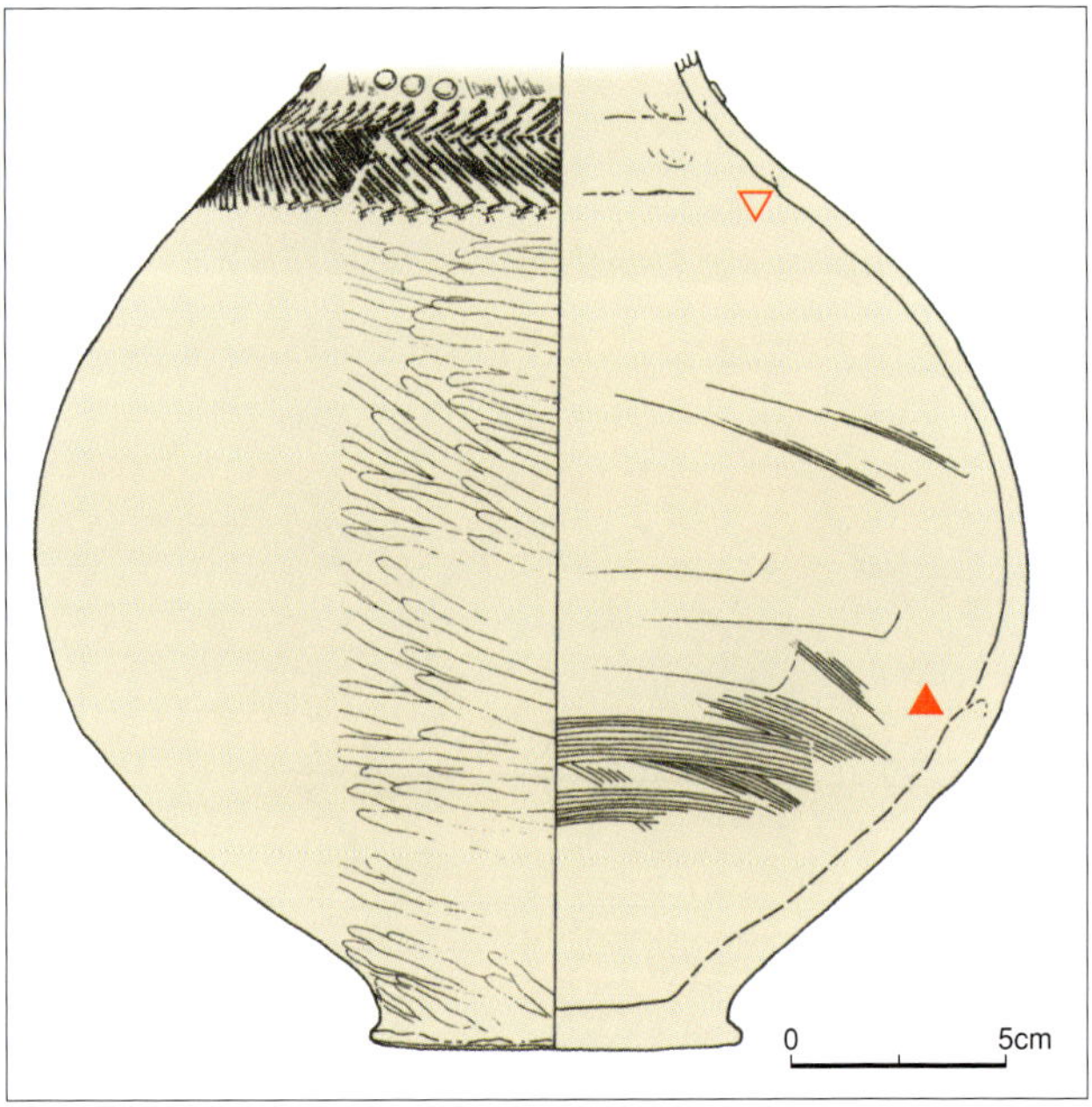

図48 ● 篠原和大の「弥生式土器第１号」実測図
内外面の特徴が詳細に観察・図化され、新しい視点から分析が加えられた。

い。しかし、南関東の弥生町式とみてきた壺が、時期的には妥当だとしても、じつは外来系土器とみなせるというのである。

ただし、注意したいのは、このように南関東の弥生後期土器で、東海東部方面の系譜を引く実例はめずらしいものではない点である。相模湾北岸では、たとえば綾瀬市神崎遺跡（図50）では、出土土器のほとんどが東三河〜西遠江の特徴そのままであり、周囲には同系統の土器の分布が著しい。土器をつくる際に粘土に混入する砂粒（混和材）の組成は相模川流域のものと一致するので、これらは相模で製作されたと考えられ、当地域に移住してきた人びとが故地の技術で同型式の土器を製作したと理解されている。

これほどではないまでも、武蔵野台地の神田川中流域にある新宿区下戸塚遺跡では、東遠江の菊川式と共通する特徴を備える土器が明瞭であり、旧入間川（現荒川）流域の板橋区西台遺跡などでも菊川式の壺がみつかっている。こうした南関東の状況を考えれば、弥生町の壺に駿河方面の特徴があるのはなんら意外ではないのである。

図49●「弥生式土器第1号」の肩部の縄文
羽状をなす縄文は、上下とも条が不ぞろいであり、やや特殊な癖のある撚り方である。

複雑な関東の弥生土器

さらに、南関東のなかでも、地域ごとに明瞭な個性があり、相互に影響を与えあっているという、かなり複雑な様相を呈するようである。このように南関東内外の複数の土器系統が錯綜しているのが実態であり、これを解きほぐすには、まだまだ検討を重ねる必要があるというのが現状である。

そうした前提に立つとき、弥生町の壺を現時点で外来系土器と決めつけてしまうわけにもいかない。駿河東部系統の土器であるとしても、そのものではないことは篠原も指摘している。私がこの土器をはじめてみたのは、大森貝塚発掘一〇〇周年記念の折に合せて展示された際で、そのときケース越しではあったが、上段の縄文があたかも撚り戻しという特殊縄文と類似することを知って興味をもった記憶がある。最近もこの縄文の原体（文様を施す際に用いる撚り紐・器具）が注目され、撚り戻しではないものの条の不揃いな原体で、駿河方面にはみかけない特徴であるといわれている。

図 50 ● 神奈川県綾瀬市神崎遺跡の東海系土器
東三河から西遠江方面とまったく同じ特徴を備えているが、混和材は地元と同じであった。

旧入間川（現荒川）下流域右岸、つまり武蔵野台地東北縁一帯の弥生後期前半の資料は、いまだ著しく乏しい状況にある。外来要素があることは認めても、それがこの地域の後期前半以来の特徴である可能性を残しておくべきであると考える。

弥生町の壺は、現在でもなお、なかなか難しい土器なのである。

3　南関東のなかの弥生町遺跡

姿をみせはじめた周辺の遺跡群

一八八四年（明治一七）に弥生町向ヶ岡貝塚でみつかった一個の壺の採集地点を正確に特定することはできないまでも、一九七五年に東京大学が調査した地点を含めて、環濠を伴う集落遺跡およびそれに直接連なるひとつの遺跡と理解すべきことを繰り返し述べてきた。このように地点論争に終止符をうち、集落遺跡として再評価しようとするとき、近年、弥生町遺跡をとりまく考古学情報の整備が進みつつあることに注目したい。

この点は、前述のようにすでに篠原も注視しており、弥生後期の遺跡として（図51）、同じ根津の谷に沿って北方約六〇〇メートルに千駄木遺跡、北方約一・五キロに動坂遺跡、根津の谷をはさんで東方一・四キロに上野新坂貝塚があり、千駄木遺跡は弥生町遺跡からの分村の可能性があるとまで指摘している。

また、弥生町遺跡自体が古墳前期まで存続した遺跡であり、暗闇坂の谷をはさんだ南西側の現東京大学病院内が五領期の集落遺跡であって、不忍池〜根津の谷一帯の低地に臨むかなり広大な集落となっていることや、こうした遺跡群の形成過程を考える意味から、東大病院内西半部にあった旧人類学教室倉庫跡で有角石器と扁平片刃石斧が採集され、弥生中期後半の宮ノ台期にさかのぼる遺跡であることに注意を促す。

さらに最近の周辺地区の調査では重要な成果が上がっている。まず筆頭にあげるべきなのは、蒔田鎗次郎邸を含む豊島区駒込一丁目遺跡と文京区上富士前遺跡が数度にわたって発掘調査され、両区域とも江戸時代の遺構でかなり破壊されているものの、弥生後期の住居が駒込一丁目遺跡で一〇数基、上富士前遺跡で四基みつかっていて、一定の広がりをもつ集落遺跡であることが確実となった。

また、現在の文京区役所から北西に富坂を上りきった地点にある伝通院境内でも、弥生後期の住居群がみつかり、集落遺跡であることが明らかとなった。坪井正五郎が一八九二年（明治二五）に調査した北区西ヶ原遺跡も弥生後期の大規模な集落遺跡であり、さらに蒔田が田端村道灌山とよんだ地区を経て荒川区道灌山遺跡まで、空白地をはさみながらも集落が並ぶ状況も明らかとなっている。

このように、蒔田鎗次郎が弥生式土器の研究を本格的にはじめた際に検討材料とした遺跡の実態がつかめるだけでなく、弥生町遺跡をとりまく弥生後期の集落遺跡群として総合的に検討することが可能となりつつある。さらに、その前段階である弥生中期後半宮ノ台期についても、北方約八〇〇メートルに千駄木三丁目遺跡、一・六キロに荒川区道灌山遺跡、南西約一・六キ

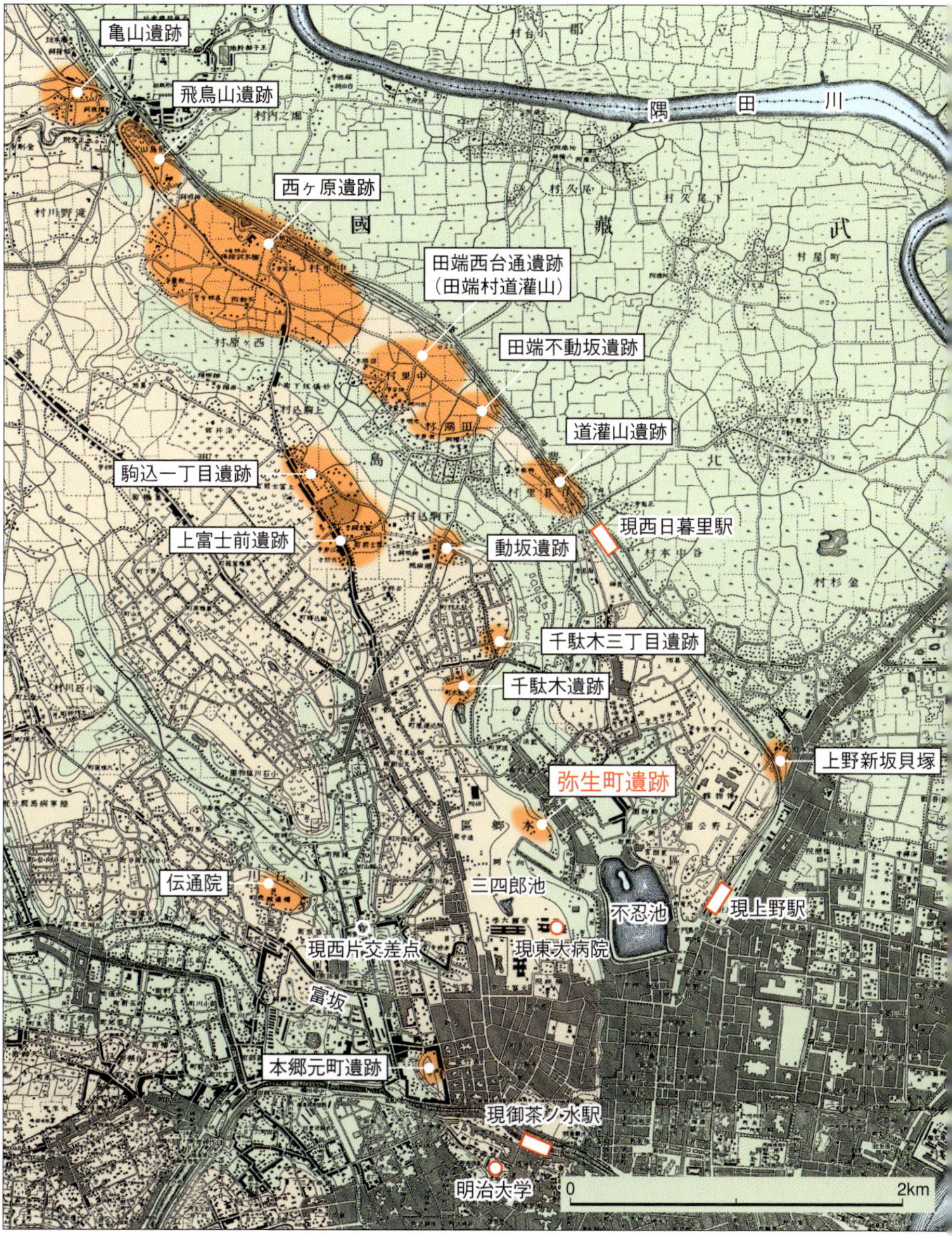

図 51 ● **弥生町遺跡をとりまく遺跡群**
弥生町遺跡の周囲には、弥生中期後半から後期、さらに古墳前期の集落遺跡が点在する。隣接する集落どうしは緊密な関係をもち、ひとつの地域社会をかたちづくっていた。

ロに本郷元町遺跡で環濠がみつかっていて、遺跡群の形成過程を探ることもできるようになった。江戸時代以後の開発によって弥生時代の遺跡の多くは失われたのではないかと推測してきたが、意外にもかなりの遺構群が保存されており、今後の調査成果に大いに期待したいところである。

低地にも広がる集落

以上、武蔵野台地上にある集落ばかりをみてきたが、弥生町遺跡の環濠出土土器が示す弥生町式段階、つまり弥生後期中頃〜後半の段階の南関東を考えると、台地上ばかりに目を向けるだけでは不十分であることが最近明らかになってきた。

千葉県側では弥生中期中頃以後、沖積地に営まれた集落がある。たとえば、木更津市高砂遺跡は小櫃《おびつ》川が形成した沖積平野上の微高地に占地する遺跡で、弥生中期後半に居住がはじまり、後期前半には竪穴住居群が営まれた。それが、中頃から平地住居に転換しつつ継続する。

このように中期後半から沖積地に立地する集落は、旧入間川（現荒川）流域では確認できないが、後期後半になると、板橋区舟渡《ふなと》二丁目遺跡や埼玉県戸田市鍛冶谷《かじや》・新田口《しんでんぐち》遺跡のように、沖積地に集落を構える実例がみられるようになる。さらに古墳時代前期になると、北区豊島馬場《としまばば》遺跡（図52）のように、細長い微高地上に整然と平地住居が建ちならび、居住域の各所が溝で区画され、計画村落かと思われる実例があらわれる。北端には、首長居館を思わせる一辺約五〇メートルの方形の溝で囲まれた一角があり、この地域の中核集落と考えてよいであろう。

こうした弥生後期半ば以後にはじまる低地立地集落の出現ないし顕在化は、中期後半段階の水田経営が河川流域としてもより台地縁辺寄りであったのが、広大な沖積地にまで本格的に開拓の手がおよぶようになることを反映しており、豊島馬場遺跡の実例は、そうした集落がやがて地域のなかで主導権を握るようになった可能性を考えさせるものである。

東海方面とのつながり

こうした南関東で、弥生後期後半から顕著となる低地に立地する集落遺跡を考えるとき、その平地住居という住居構造に注

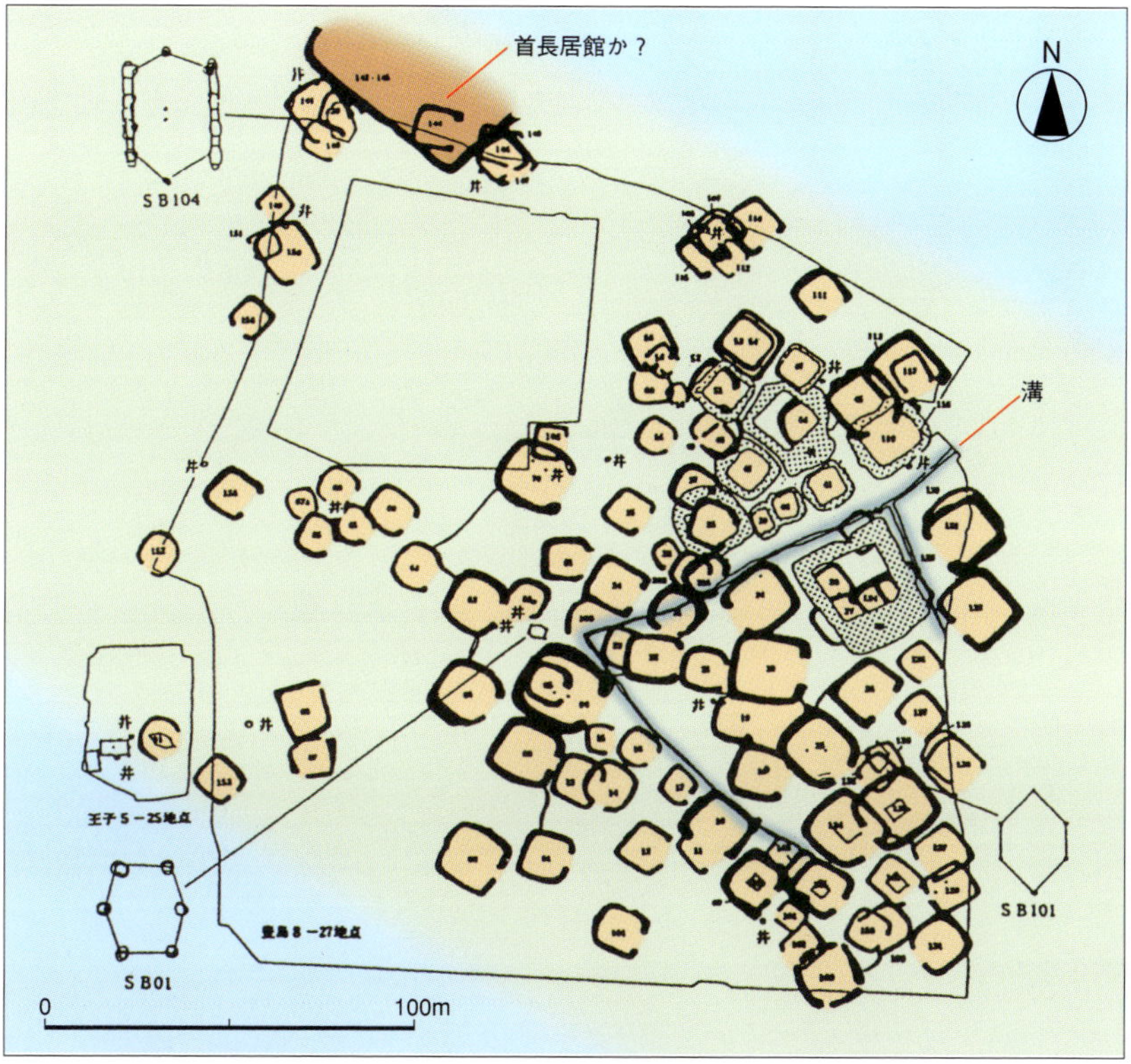

図52 ● 豊島馬場遺跡の住居跡
北西から南東方向にのびる微高地上に古墳前期の住居群が折り重なる。丸みをおびた四角が住居で、途切れた部分が住居の出入り口。ほとんどの住居が南東向きとなる。網目の四角は方形周溝墓で、その間を通る溝が住居群の間を鍵形に走る。上端に一辺50mの方形区画がある。

目したい。高砂遺跡や豊島馬場遺跡は、いずれも調査および報告書の段階では、円形周溝墓や方形周溝墓とされたが、周溝の内側に四本の柱が検出される例があることや、重複が著しいこと、周溝内から出土する遺物が通常の竪穴住居出土の遺物組成と変わるところがない、などの諸特徴から、むしろ周溝を伴う平地住居と考えるのが妥当と考えられるようになった。

そして、こうした周溝を伴う平地住居は、南関東ではそれまではみられなかったもので、本来、東海地方の縄文晩期の周堤をもつ平地住居が、弥生時代になると集落が低地に進出するよ

図 53 ● **静岡県登呂遺跡の住居跡**
1949 年に発掘され、土を薄くかぶせて保存した住居を 50 年後に再発掘した。（上）住居空間のまわりに周堤、さらにその外側に周溝がめぐる。十字形の帯は堆積土層をみるためのもの。（下）現地表直下が住居の床面。床下は粘土と炭が互層をなす防湿措置が施してある。

うになって東海地方に広く採用された住居形式である。たとえば、弥生後期の静岡市登呂《とろ》遺跡（図53）の場合は、微高地上に周堤と周溝を伴う平地住居が構築され、床下には薄い粘土と炭の層を幾重にも重ねるという防湿措置を施していた。

こうした低地仕様の住居形式が、弥生後期中頃から南関東の低地立地集落に採用されたのである。後期に入ってから土器に静岡方面の影響が顕著に認められるが、後期中頃以後になるとさらに強くなり、その結果、南関東の弥生社会は急速に変貌を遂げていくこととなる。

4　弥生後期後半は社会の変革期

集落規模の拡大

南関東の弥生後期中頃以後にみられるもっとも大きな変化は、住居数の激増に端的にあらわれるように、集落規模の拡大である。

西川修一による相模地域の集計（図54）では、出土した住居数が中期後半で四四基、後期前半が二四基であったのが、後期後半になると八五三基と桁違いに増大する。千葉

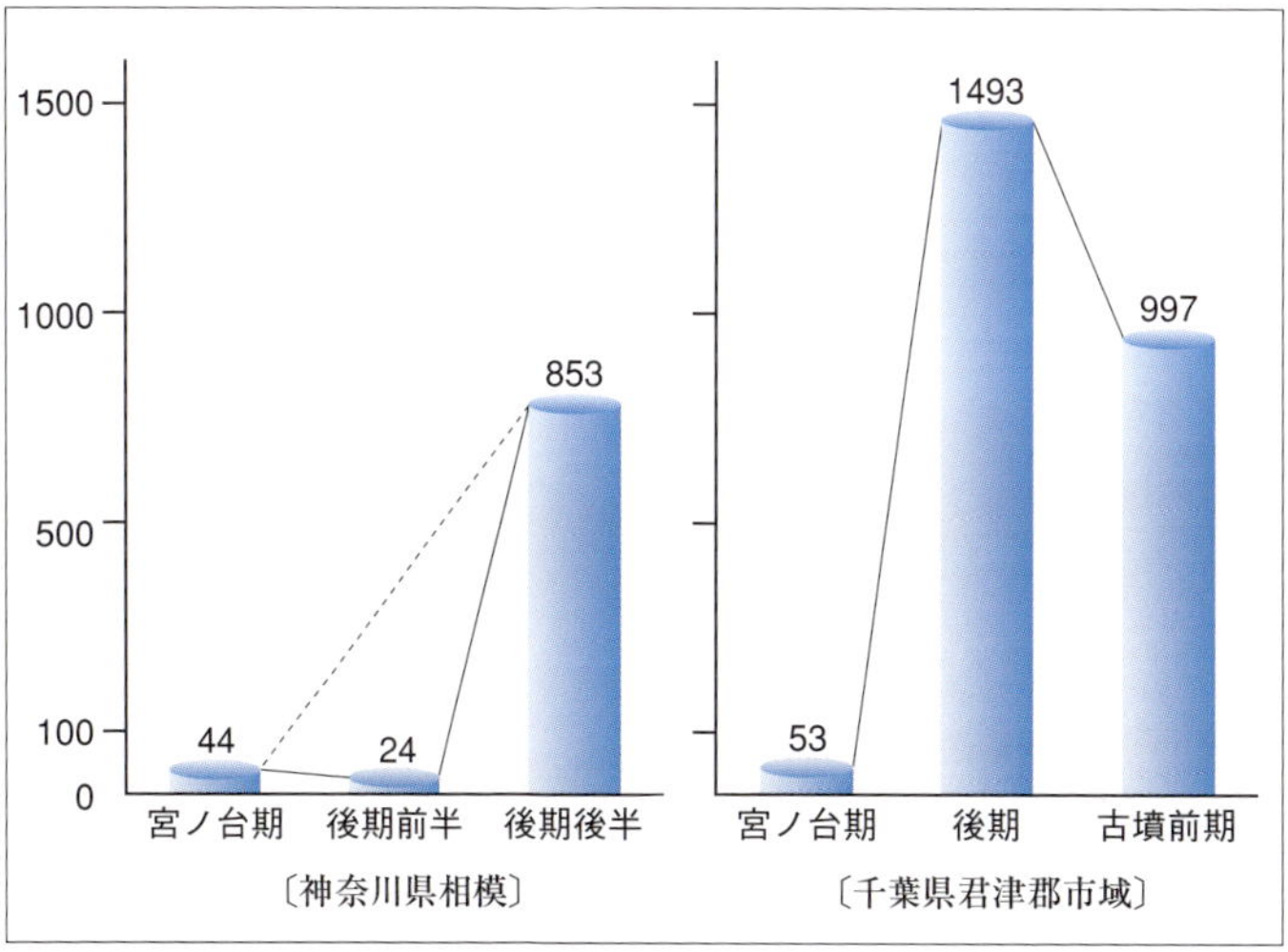

図54 ● 相模地域の弥生中期〜後期の住居数の変化
神奈川県内でも、千葉県内でも、弥生後期後半に住居数が飛躍的に増加する。その背景は何であろうか。

県側でも、相模ほどではないが、中期後半の五三基が後期には一四九三基となり、その圧倒的多数は後期後半に属する住居である。

こうした傾向は武蔵野台地東北縁や大宮台地でも同様で、後期前半と後半とで年代幅が不均等であることを考慮するとしても、人口の飛躍的増大および集落規模の拡大がことのほか著しい。綾瀬市神崎遺跡の状況をみると、東海方面からの移住者が一定数いたと想定されるが、千葉県側や武蔵野台地・大宮台地も同様に考えるわけにはいかないから、むしろ人口増加率の向上という面も考慮しなければならない。低地の本格的開発なくしてこうした人口増に対応することは困難であったであろう。

集落のネットワーク

さらに、このような増大した人口により、一定の地域内に複数の集落が併存し、集落どうし密なネットワークをつくり上げていると考えられる。

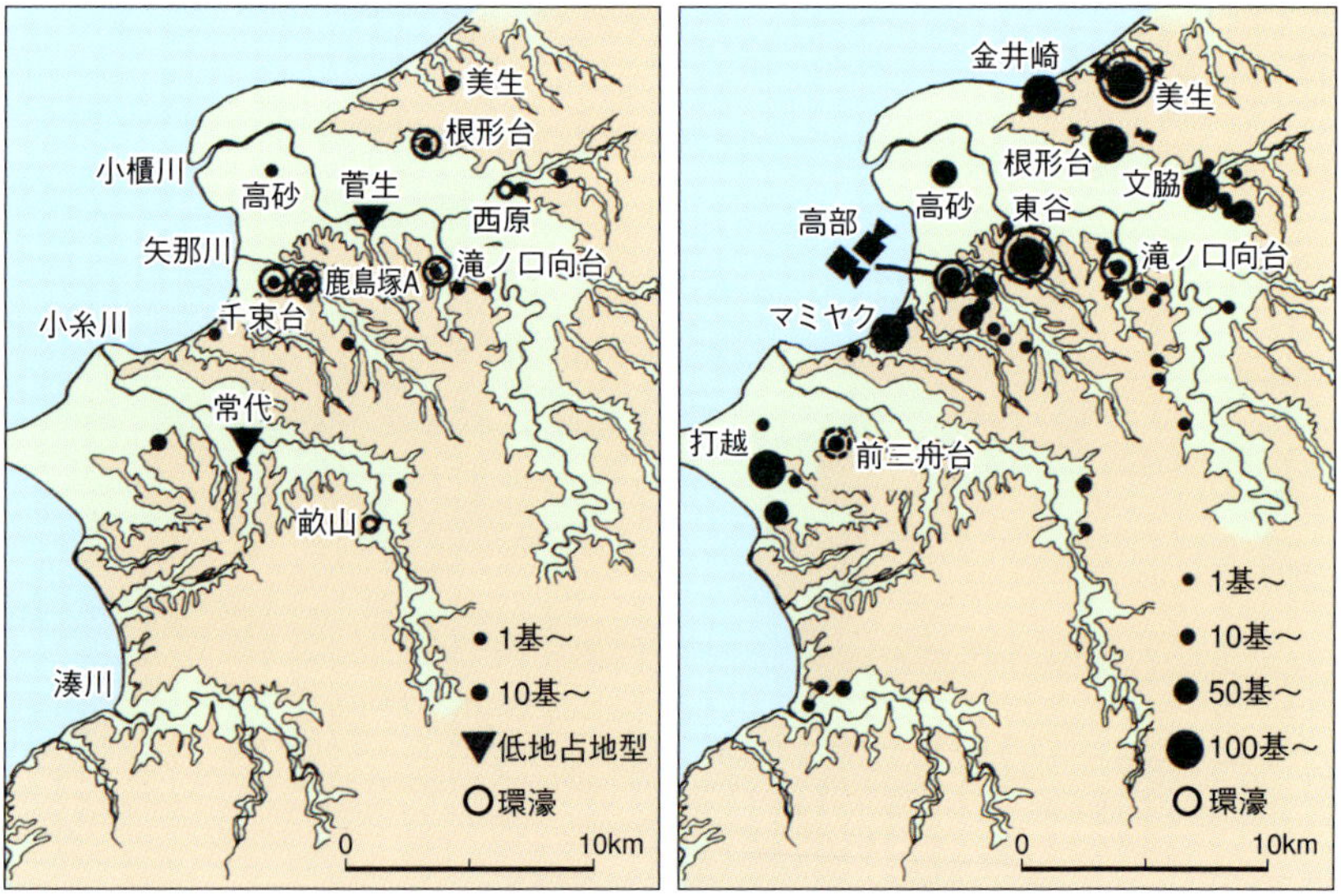

中期後半　　　　後　期

図 55 ● 千葉県君津郡市の弥生中期～後期の遺跡分布
中期後半の遺跡が後期に継続し、さらに飛躍的に大形化する。

千葉県君津郡市域（図55）を例にとると、小櫃川下流域一帯に検出住居数が一〇〇基内外の規模の集落が一〇カ所近く併存し、共同で小櫃川流域の開発と管理をおこない、また地域内外の組織化や役割分担なども一定程度おこなわれたと考えられる。

そして、そうした地域社会のなかにやがて、全長三〇メートルを越える規模の前方後方墳形を呈する、弥生墳丘墓とも初期古墳ともよばれる高部《たかべ》三二・三〇号墓が出現する。地域のなかで突出した社会的地位を占める最有力首長であり、中国鏡や鉄製武器類を副葬し、東海・畿内系土器を用いた葬送儀礼が執行されていることからわかるように、南関東内部だけでなく遠隔地の有力首長とも連携する姿を描くことができる。

これはあくまで東京湾東岸のことであるとしても、弥生町周辺でもこうした社会状況から無縁であったとは考えられず、周囲の遺跡群とともに、つぎの古墳時代の到来への道筋を考える必要があろう。

5　弥生町遺跡から学ぶ課題

以上述べてきたように、弥生式土器および弥生時代の名称の起こりとなった弥生町遺跡については、長らく一個の壺の出土地点に関する論議が続いた。もちろん、学史的にはその地点を確定できるに越したことはないが、しかし今や遺跡、とりわけ集落遺跡として位置づけ、地域のなかで理解する道にこそ進むべきである。あらためて一一〇年あまりにおよぶ議論の経過を跡づけてみると、その学史からいくつもの課題を見出すことができるであろう。

蒔田鎗次郎の再評価

まず第一に、弥生式土器研究を軌道にのせた蒔田鎗次郎をめぐっては、現在の目でみると驚くほどに先見的な資料分析をおこなって立論している。しかし、それだけにその成果は当時正当に評価されることはなかった。蒔田が分析対象とした遺跡が相次いで調査されるようになった今、蒔田の仕事の重要性をもう一度評価し直すべきではないだろうか。南関東で、蒔田に次いで弥生式土器に関する本格的な議論がおこなわれるのは、二〇数年を経た久ヶ原遺跡の調査であったが、そこには蒔田の研究法は継承されなかったのである。

第二は、なぜこれほどまでに地点論争に終始したかを考える必要があろう。モールスという傑出した科学者から刺戟を受けて、日本の博物学は科学へと変貌を遂げていった。そのなかで人類学という学問分野が生まれ、考古学もそこに胚胎した。向ヶ岡弥生町貝塚自体には発見当時は特別な意識はなかったものの、やがて弥生式土器という名称が生まれ、記念碑的な意味合いが付加され、回顧されるようになった。そこには、モールスの学問をどのように継承するかの意識差があった。また回顧の際に、蒔田の分析対象が住居や溝の一括資料であったのとは異なって、単独の壺であったことが災いして、ピンポイントの議論となってしまった。

第一、第二の課題は、現代の考古学の議論に通じる部分はないであろうか。学史をとおして、自らの足元の確認作業をつねにおこなうことの重要性を認識したい。

地域考古学の重要性

第三は、土器型式の設定や理解をとおして、地域考古学の難しさと重要性を再認識するべき点である。弥生町式土器および関東の弥生後期土器研究の混迷は、南関東をひとつの地域として先験的にくくったうえで議論を組み立ててきたことに基因するであろう。

これはなにも南関東に限ったことではない。たとえば『弥生式土器聚成図録』でおこなわれた地域区分が仮設的であったにもかかわらず、畿内様式に関するその後の議論をみれば明らかなように、既定事実として扱われ、しかもその意識が希薄である。土器の型式論的研究は、蒔田のように一括性の明らかな資料をどう組み上げるかが問題なのであり、最初に枠をはめてしまってはいけない。今ある資料から再構築すべきであろう。

そして最後に、遺跡の理解は、一点の資料から、およびそれとは反対にその地域の遺跡群の側からの、二方向から分析を進める必要をあらためて感じる点である。弥生町遺跡を考える際に中山平次郎が採集した一片の壺の口縁部は、これまで意外に重要視されていないが、遺跡の北への広がりを考えるとき、その重要性は計り知れない。また一方で、弥生町遺跡を周辺の遺跡群から切り離して単独で評価しようとしても稔りの少ないことはいうまでもなかろう。一点の資料と地域からの視点が車の両輪としてうまく機能してはじめて理解は前進するであろう。

その意味で、これからも進むであろう弥生町地区各地点の入念な調査と、周囲の遺跡群の調査の蓄積に大いに期待したい。

参考文献

有坂鉊蔵　一九二三「日本考古学懐旧談」『人類学雑誌』第三八巻第五号
有坂鉊蔵　一九二四「過去半世紀の土中」『中央史壇』第九巻第四号
有坂鉊蔵　一九二九「史前学雑誌の発刊を喜ぶにつけて過去五十年の思ひ出」『史前学雑誌』第一巻第一号
有坂鉊蔵　一九三五「弥生式土器発見の頃の思出」『ドルメン』第四巻第六号
有坂鉊蔵　一九三九「人類学会の基因」『人類学雑誌』第五四巻第一号
安藤広道　二〇〇七「弥生土器を学ぶ」『土器の考古学』学生社
石川日出志　二〇〇〇「南関東の弥生社会展開図式・再考」『大塚初重先生頌寿記念考古学論集』東京堂出版
石川日出志　二〇〇八「弥生時代＝鉄器時代説はどのようにして生まれたか」『考古学集刊』第四号
今村啓爾　一九八八「東京都弥生町向ヶ岡貝塚」『探訪弥生の遺跡　畿内・東日本編』有斐閣
上野　武　二〇〇一「『最初の弥生土器』発見の真相」『古代学研究』第一五三号
梅原末治　一九二二『鳥取県下に於ける有史以前の遺跡』鳥取県
梅原末治　一九三〇「須玖岡本発見の古鏡に就いて」『筑前須玖史前遺跡の研究』京都帝国大学文学部考古学研究報告第一一冊
江坂輝弥　一九三八「弥生町貝塚を再発見して」『考古学論叢』第八輯
太田博太郎　一九六五「弥生式土器の発見地」『日本歴史』第二〇三号
太田博太郎　一九七五「向ヶ岡貝塚はどこか」『古代文化』第一五巻第二号
太田博太郎　一九八一「再び弥生式土器の発見地について」『日本歴史』第三九三号
太田博太郎　一九八六「弥生町貝塚の位置」『論争・学説日本の考古学』第四巻、雄山閣
岡本　勇　一九八五「蒔田鎗次郎論」『論集　日本原史』吉川弘文館
及川良彦　二〇〇一「低地遺跡の再検討（3）」『青山考古』第一八号
鍵谷徳三郎　一九〇八「尾張熱田高倉貝塚実査」『考古界』第七巻第二号・『東京人類学雑誌』第二三巻二六六号
菊池義次　一九七四「南関東弥生後期文化概観」『大田区史　第Ⅲ編　資料編　考古Ⅰ』
小林三郎・中島広顕ほか　一九九五『豊島馬場遺跡』北区教育委員会
小林行雄　一九三三「畿内弥生式土器の一二相」『考古学』第四巻第一号
小林行雄　一九三八「弥生式文化」『日本文化史大系』一　誠文堂新光社
小林行雄　一九八三『考古学一路』平凡社
斎藤　忠　一九六三「弥生式土器の発見地」『日本の発掘』東大新書（四五）　東京大学出版会
笹森紀己子　一九八四「久ヶ原式から弥生町式へ」『土曜考古』第九号
佐藤達夫　一九七五「向ヶ岡貝塚はどこか」『歴史と人物』第四六号

佐原　真　一九七五「農業の開始と階級社会の形成」『岩波講座日本歴史1』岩波書店
設楽博己　一九九六「弥生土器の様式論」『考古学雑誌』第八二巻第二号
篠原（鮫島）和大　一九九四「5壺形土器（重文指定）」『東京大学コレクションⅠ　東アジアの形態世界』東京大学総合研究資料館
篠原（鮫島）和大　一九九六「弥生町の壺と環濠集落」『東京大学文学部考古学研究室紀要』第一四号
篠原和大　一九九九「タイプサイトの実像　弥生町遺跡」『文化財の保護』第三一号
杉原荘介　一九四〇「武蔵弥生町出土の弥生式土器に就いて」『考古学』第一一巻第七号
坪井正五郎　一八八九「帝国大学の隣地に貝塚の跟跡有り」『東洋学芸雑誌』第九一号
東京大学文学部考古学研究室編　一九七九『向ヶ岡貝塚—東京大学構内弥生二丁目遺跡の発掘調査報告—』東京大学文学部
鳥居龍蔵　一九一七「畿内の石器時代に就て」『人類学雑誌』第三二巻第九号
中根君郎・徳富武雄　一九二九・三〇「東京府久ヶ原に於ける弥生式の遺跡、遺物並にその文化階梯に関する考察（一）〜（三）」『考古学雑誌』第一九巻第一〇・一一号・第二〇巻第四号
中山平次郎　一九三〇「近畿縄紋土器、関東弥生式土器、向ヶ岡貝塚の土器竝に諸磯式土器に就て(二)」『考古学雑誌』第二〇巻第二号
西川修一　一九九一「相模弥生後期社会の研究」『古代探叢』Ⅲ
原　祐一　二〇〇七「弥生時代名称由来土器発見場所の推定」『國學院大學考古学資料館紀要』第二三輯
原　祐一・森本幹彦　二〇〇二「東京大学本郷構内の遺跡」『東京考古』第二〇号
原　祐一ほか　二〇〇八「向ヶ岡弥生町の弥生土器発見地と土器の名称由来となった『向岡記』碑の保存修復と公開」『日本考古学協会第七四回総会研究発表要旨』
文京区弥生町遺跡調査会編　一九九六『弥生町遺跡—王子不動産㈱マンション建設に伴う埋蔵文化財調査報告書—』文京区教育委員会
文京ふるさと歴史館編・発行　二〇〇四『弥生町遺跡発見一二〇周年記念　文京むかしむかし』
蒔田鎗次郎　一八九六「弥生式土器（貝塚土器ニ似テ薄手ノモノ）発見ニ付テ」『東京人類学会雑誌』第一二二号
蒔田鎗次郎　一八九八「共同備忘録」『東京人類学会雑誌』第一五四号
蒔田鎗次郎　一九〇一・〇二「長野市に於ける弥生式土器の発見」『東京人類学会雑誌』第一八七・一九〇号
蒔田鎗次郎　一九〇二「弥生式土器と共に貝を発見せし事に就て」『東京人類学会雑誌』第一九二号
宮川和也　二〇〇七「蒔田鎗次郎の足跡」『東京考古』第二五号
森本六爾　一九三〇「北九州弥生式土器編年」『柳園古器略考・鉾之記』東西文化社（一九七六、文献出版）
森本六爾・小林行雄　一九三八・三九『弥生式土器聚成図録』正編　東京考古学会
八木奘三郎　一九〇〇「九州地方遺跡調査報告」『東京人類学会雑誌』第一七三・一七五号
八木奘三郎　一九〇六・〇七「中間土器（弥生式土器）の貝塚調査報告」『東京人類学会雑誌』第二四八〜二五六号
八木奘三郎　一九一四・一五「朝鮮の磨石器時代」『東京人類学会雑誌』第九巻九五号
山内清男　一九三〇「所謂亀ヶ岡式土器の分布と縄紋式土器の終末」『考古学』第一巻第三号

刊行にあたって

「遺跡には感動がある」。これが本企画のキーワードです。

あらためていうまでもなく、専門の研究者にとっては遺跡の発掘こそ考古学の基礎をなす基本的な手段です。また、はじめて考古学を学ぶ若い学生や一般の人びとにとって「遺跡は教室」です。

日本考古学では、もうかなり長期間にわたって、発掘・発見ブームが続いています。そして、毎年厖大な数の発掘調査報告書が、主として開発のための事前発掘を担当する埋蔵文化財行政機関や地方自治体などによって刊行されています。そこには専門研究者でさえ完全には把握できないほどの情報や記録が満ちあふれています。しかし、その遺跡の発掘によってどんな学問的成果が得られたのか、その遺跡やそこから出た文化財が古い時代の歴史を知るためにいかなる意義をもつのかなどといった点を、莫大な記述・記録の中から読みとることははなはだ困難です。ましてや、考古学に関心をもつ一般の社会人にとっては、刊行部数が少なく、数があっても高価なその報告書を手にすることすら、ほとんど困難といってよい状況です。

いま日本考古学は過多ともいえる資料と情報量の中で、考古学とはどんな学問か、また遺跡の発掘から何を求め、何を明らかにすべきかといった「哲学」と「指針」が必要な時期にいたっていると認識します。

本企画は「遺跡には感動がある」をキーワードとして、発掘の原点から考古学の本質を問い続ける試みとして、日本考古学が存続する限り、永く継続すべき企画と決意しています。いまや、考古学にすべての人びとの感動を引きつけることが、日本考古学の存立基盤を固めるために、欠かせない努力目標の一つです。必ずや研究者のみならず、多くの市民の共感をいただけるものと信じて疑いません。

監　修　戸沢　充則

編集委員　勅使河原彰　小野　昭
小野　正敏　石川日出志
小澤　毅　佐々木憲一

著者紹介

石川日出志（いしかわ・ひでし）

1954年、新潟県生まれ
明治大学大学院博士後期課程中退
現在、明治大学文学部教授
主な著作『考古資料大観　弥生土器1』（共編）、『図解・日本の人類遺跡』東京大学出版会・『シンポジウム弥生時代の考古学』学生社（ともに分担執筆）、「弥生時代＝鉄器時代説はどのようにして生まれたか」『考古学集刊』第4号、「再葬の儀礼」『弥生時代の考古学』同成社など。

写真所蔵（出典）
図1・5・8・49：東京大学総合研究博物館、図4・41・42・43：東京大学埋蔵文化財調査室、図7：文京ふるさと歴史館、図17：徳島県立鳥居記念博物館、図22：藤森みち子、図27：九州大学総合研究博物館、図29：大田区立郷土博物館、図34・35・37：『向ヶ岡貝塚』、図44：高槻市教育委員会『安満遺跡発掘調査報告書』、図45：志摩町教育委員会『新町遺跡』、図46：明治大学博物館、図50：綾瀬市教育委員会、図53：静岡市文化財課

図版出典
図2・26：坪井1889、図10：蒔田1896、図11：蒔田1896・1902、図12：蒔田1902、図14：蒔田1901・02、図15：蒔田1896・1901、図16：鍵谷1908、図18：梅原1922、図19：梅原1930、図20：石川2008、図23：小林1938、図24：国土地理院1万分の1地形図「上野」、図28：中山1930、図30・31：森本・小林1938・39、図33：『向ヶ岡貝塚』、図39・40：篠原（鮫島）1996、図47：笹森1984、図48：篠原（鮫島）1996、図52：小林・中島1995、図54：西川1991

上記以外は著者

シリーズ「遺跡を学ぶ」050

「弥生時代」の発見・弥生町遺跡

2008年 8月20日　第1版第1刷発行

著　者＝石川日出志

発行者＝株式会社 新 泉 社
東京都文京区本郷2-5-12
振替・00170-4-160936番　TEL03(3815)1662／FAX03(3815)1422
印刷／萩原印刷　製本／榎本製本

ISBN978-4-7877-0840-3　C1021

シリーズ「遺跡を学ぶ」

A5判／96頁／定価1500円＋税

第Ⅰ期（全31冊・完結）

01 北辺の海の民・モヨロ貝塚　米村 衛
02 天下布武の城・安土城　木戸雅寿
03 古墳時代の地域社会復元・三ツ寺Ⅰ遺跡　若狭 徹
04 原始集落を掘る・尖石遺跡　勅使河原彰
05 世界をリードした磁器窯・肥前窯　大橋康二
06 五千年におよぶムラ・平出遺跡　小林康男
07 豊饒の海の縄文文化・曽畑貝塚　木﨑康弘
08 未盗掘石室の発見・雪野山古墳　佐々木憲一
09 氷河期を生き抜いた狩人・矢出川遺跡　堤 隆
10 描かれた黄泉の世界・王塚古墳　柳沢一男
11 江戸のミクロコスモス・加賀藩江戸屋敷　追川吉生
12 北の黒曜石の道・白滝遺跡群　木村英明
13 古代祭祀とシルクロードの終着地・沖ノ島　弓場紀知
14 黒潮を渡った黒曜石・見高段間遺跡　池谷信之
15 縄文のイエとムラの風景・御所野遺跡　高田和徳
16 鉄剣銘一一五文字の謎に迫る・埼玉古墳群　高橋一夫
17 石にこめた縄文人の祈り・大湯環状列石　秋元信夫
18 土器製塩の島・喜兵衛島製塩遺跡と古墳　近藤義郎
19 縄文の社会構造をのぞく・姥山貝塚　堀越正行
20 大仏造立の都・紫香楽宮　小笠原好彦
21 律令国家の対蝦夷政策・相馬の製鉄遺跡群　飯村 均
22 筑紫政権からヤマト政権へ・豊前石塚山古墳　長嶺正秀
23 弥生実年代と都市論のゆくえ・池上曽根遺跡　秋山浩三
24 最古の王墓・吉武高木遺跡　常松幹雄
25 石槍革命・八風山遺跡群　須藤隆司
26 大和葛城の大古墳群・馬見古墳群　河上邦彦
27 南九州に栄えた縄文文化・上野原遺跡　新東晃一
28 泉北丘陵に広がる須恵器窯・陶邑遺跡群　中村 浩
29 東北古墳研究の原点・会津大塚山古墳　辻 秀人
30 赤城山麓の三万年前のムラ・下触牛伏遺跡　小菅将夫
別01 黒耀石の原産地を探る・鷹山遺跡群　黒耀石体験ミュージアム

第Ⅱ期（全20冊・完結）

31 日本考古学の原点・大森貝塚　加藤 緑
32 斑鳩に眠る二人の貴公子・藤ノ木古墳　前園実知雄
33 聖なる水の祀りと古代王権・天白磐座遺跡　辰巳和弘
34 吉備の弥生大首長墓・楯築弥生墳丘墓　福本 明
35 最初の巨大古墳・箸墓古墳　清水眞一
36 中国山地の縄文文化・帝釈峡遺跡群　河瀬正利
37 縄文文化の起源をさぐる・小瀬ヶ沢・室谷洞窟　小熊博史
38 世界航路へ誘う港市・長崎・平戸　川口洋平
39 武田軍団を支えた甲州金・湯之奥金山　谷口一夫
40 中世瀬戸内の港町・草戸千軒町遺跡　鈴木康之
41 松島湾の縄文カレンダー・里浜貝塚　会田容弘
42 地域考古学の原点・月の輪古墳　近藤義郎・中村常定
43 天下統一の城・大坂城　中村博司
44 東山道の峠の祭祀・神坂峠遺跡　市澤英利
45 霞ヶ浦の縄文景観・陸平貝塚　中村哲也
46 律令体制を支えた地方官衙・弥勒寺遺跡群　田中弘志
47 戦争遺跡の発掘・陸軍前橋飛行場　菊池 実
48 最古の農村・板付遺跡　山崎純男
49 ヤマトの王墓・桜井茶臼山古墳・メスリ山古墳　千賀 久
50 「弥生時代」の発見・弥生町遺跡　石川日出志